Mosaik bei
GOLDMANN

Buch

In Gesprächen über Beziehungen, Arbeit und Alltag psychologisieren wir wie die Experten und haben für jedes Verhalten eine Erklärung parat. Man bringt uns bei, eine positive Einstellung zu pflegen, dem eigenen Ärger Luft zu machen, und dass Angst ein schlechter Ratgeber ist. Oder man macht uns falsche Hoffnungen mit Feststellungen wie »Wenn du es wirklich willst, dann schaffst du es auch« oder »Für alles gibt es eine Lösung«.
Jeffrey Wijnberg glaubt nicht an derartige Patentrezepte. Nicht immer ist die Ursache für ein Problem in einer verkorksten Kindheit zu suchen, es gibt nicht auf alles eine Antwort, und auch der stärkste Wille zum Sieg ist kein Erfolgsgarant. Wijnberg tritt ein für einen ganz neuen, bodenständigeren psychologischen Ansatz, welchen er anhand von Beispielen aus seiner Berufspraxis veranschaulicht. Ein provokatives und humorvolles Buch für alle, die sich nicht länger von ihrem Psychiater zum Narren halten lassen wollen!

Autor

Jeffrey Wijnberg ist in den Niederlanden einem breiten Publikum bekannt als Kolumnist der größten und populärsten Tageszeitung *De Telegraaf* und arbeitet mit an einer wöchentlichen Fernsehsendung zum Thema Gesundheit. Er betreibt seine eigene psychotherapeutische Praxis, ist Lektor am Institut für Eklektische Psychologie und betreut Workshops und Seminare für provokative Psychotherapie. Er hat bereits zahlreiche erfolgreiche populärwissenschaftliche Bücher zum Thema Psychologie veröffentlicht.

Jeffrey Wijnberg

Couch ade!

Wie Sie sich den Gang zum Seelenklempner sparen können

Aus dem Niederländischen
von Eva Schweikart

Mosaik bei
GOLDMANN

Die Ratschläge in diesem Buch wurden vom Autor und vom Verlag sorgfältig erwogen und geprüft, dennoch kann eine Garantie nicht übernommen werden. Eine Haftung des Autors bzw. des Verlags und seiner Beauftragten für Personen-, Sach- und Vermögensschäden ist ausgeschlossen.

Für Tatiana: Auf dich kommt es an

1. Auflage
Deutsche Erstausgabe Oktober 2005

Originaltitel: In het diepste van de ziel is niets te zien
Umschlaggestaltung: Design Team München
Illustrationen: Peter de Wit
Redaktion: Dagmar Rosenberger
Satz: Uhl + Massopust, Aalen
Druck und Bindung: GGP Media GmbH, Pößneck
WR/BS · Herstellung: Han
Printed in Germany
ISBN 3 442 16719 1

www.goldmann-verlag.de

Inhaltsverzeichnis

Einleitung

Unbemerkt ist die Psychologie in den letzten Jahrzehnten zur Ersatzreligion geworden. Wir sagen nicht mehr »vertraue auf Gott«, sondern »vertraue auf dich selbst«. Und wir sprechen auch nicht mehr von unseren Sünden, von denen wir uns durch die Beichte befreien, sondern tragen unsere »inneren Konflikte« zum Therapeuten. Der Psychologe hat den Platz des Geistlichen eingenommen, und die Glaubenssätze, die er von sich gibt, beeinflussen sehr stark unser Denken und Handeln. Meine Fachkollegen und ich tragen also eine enorme Verantwortung, zumal es um das seelische Wohl des Menschen und um seine Beziehungen geht. Es ist daher höchste Zeit für einen kritischen Blick auf die Vorstellungen und Überzeugungen, die von Psychologen »gepredigt« werden, und für eine Überprüfung ihres Wahrheitsgehaltes.

Meine Studien, die auf 25 Jahren Praxiserfahrung basieren, zeigen, dass jede Menge konfuses Zeug dahergeredet wird. Manchmal ist es nur harmloses Gerede, oft aber schadet der psychologische Unsinn dem Patienten, der Lösungen für seine emotionalen Probleme sucht. Im schlimmsten Fall werden ganze Familien zerstört, weil ein Therapeut auf Teufel komm raus Inzesterfahrungen aus der unbewussten Vergangenheit seiner Patientin hervorzaubern will. Im harmlosesten Fall wird dem

Patienten mit dem Credo »Du kannst es, wenn du nur willst« große Hoffnung gemacht. Und wenn er dann scheitert, zweifelt er an seiner Willenskraft. In anderen Fällen werden Patienten unnötig lange hingehalten, weil der Psychologe meint, eine endlose Liste überflüssiger Fragen abarbeiten zu müssen, be-

vor er entscheiden kann, welche Therapieform die geeignetste ist.

Ich versuche in diesem Buch mit den großen Mythen der Psychotherapie aufzuräumen und meine harsche Kritik an der traditionellen psychologischen Betreuung mit besseren Alternativen für ein ehrlicheres und effizienteres Vorgehen »anzureichern«. Außerdem möchte ich zeigen, dass viele Probleme im Grunde genommen gar keine sind und dass dem Patienten nicht gedient ist, wenn der Psychologe ihm nach dem Mund redet. Zu lange haben Therapeuten sich hinter einer Mauer aus Schweigen, Ernst und Unzugänglichkeit verschanzt und damit dem Patienten die Vorteile eines echten, herausfordernden Kontakts vorenthalten. Ich prangere die Lügen an, die in der Psychologie gang und gäbe sind, und stelle ihnen eine neue Art der Therapie entgegen: den provokativen Stil.

Zu guter Letzt möchte ich betonen, dass es mir in keiner Weise darum geht, meine geschätzten Kollegen zu beleidigen. Mein Ziel ist es, die Qualität, Effektivität und Glaubwürdigkeit der psychologischen Betreuung zu erhöhen, damit jeder, der sich in einer seelischen Notlage befindet, optimalen Nutzen davon hat. Ich wünsche meinen Lesern viel Vergnügen bei der Lektüre und freue mich über Kommentare aller Art an: J.Wijnberg@home.nl

Die Lügen der Psychotherapie

Erst einmal musst du dich selbst lieben

Alfred Adler, einer der bekanntesten Schüler Sigmund Freuds, hat einst die Theorie des Minderwertigkeitskomplexes formuliert. Ursprünglich bezeichnete Adler mit diesem Begriff die Gesamtheit der Ängste, die aus dem unzulänglichen Funktionieren eines Organs oder Körperteils herrühren. Darauf aufbauend entwickelten sich allgemeiner gefasste Vorstellungen zur Minderwertigkeit. Derzeit wird der Begriff – passender- und unpassenderweise – gebraucht, wenn jemand eine überkritische oder negative Einstellung zu seinen eigenen Fähigkeiten oder seinem Funktionieren an den Tag legt. Das Gleiche wird in Sätzen wie »er hat ein schlechtes Selbstbild«, »sie hat wenig Selbstachtung« oder »es mangelt ihm an Selbstwert« ausgedrückt.

Der guten Ordnung halber muss ich feststellen, dass das Konzept des Selbstvertrauens wichtig ist: Wer von seinem eigenen Können überzeugt ist, erreicht mehr, fühlt sich besser und ist in der Regel angenehmer im Umgang. Umgekehrt sind Menschen mit mangelndem Selbstvertrauen weniger erfolgreich, unglücklicher und schwieriger im Umgang. Stark vereinfacht heißt das: Positiv macht positiv, und negativ macht negativ. Psychologen verwenden dafür den Begriff »*self-fulfilling prophecy*«: Was man gedanklich erwartet, stellt sich meist auch ein. Es klingt logisch und plausibel, dass jemand, der beispielsweise selbstsicher in eine Prüfung geht, bessere Erfolgschancen hat als jemand, der sich schon im Voraus wenig Hoffnungen macht. Und in der Praxis gibt es zahllose weitere Beispiele, die diese Sichtweise untermauern.

Oft trifft aber auch das Gegenteil zu: Es gibt genug Menschen auf der Welt, die eine hohe Meinung von sich haben und schlechte Leistungen erbringen. Und es gibt Menschen, die nicht viel von sich selbst halten und trotzdem viel erreichen. Wer über die eigene Nase hinausschaut, wird verstehen, warum das so ist. Bleiben wir bei dem Prüfungsbeispiel: Dass man ein gutes Gefühl hat, sagt nichts über die Qualität der Vorbereitung, das tatsächlich vorhandene Wissen oder über die Konzentrationsfähigkeit in der Prüfungssituation aus. Mehr noch: Jemand kann sich selbst so toll finden, dass er seine Fähigkeiten überschätzt und deshalb zum Scheitern verurteilt ist.

Ein schlechtes Gefühl sagt ebenso wenig über die Qualität der Vorbereitung, das tatsächlich vorhandene Wissen oder die Konzentrationsfähigkeit in der Prüfungssituation aus. Jemand kann sich selbst so schlecht finden, dass er seine Fähigkeiten unterschätzt und darum so hart arbeitet, dass er ständig Erfolg hat. Kurz gesagt: Ein positives Selbstbild ist mit Sicherheit keine Erfolgsformel, ebenso wenig wie ein negatives Selbstbild das Scheitern vorprogrammiert. Bestimmt kennen auch Sie einen *Winner,* der bei all seinem Erfolg immer wieder an sich zweifelt, oder einen typischen *Loser,* der sich trotz all seiner Patzer aufführt, als wäre er Gott höchstpersönlich.

Im Laufe der Zeit haben Psychologen die Bedeutung des Selbstwerts ziemlich aufgebauscht. Heutzutage reicht es nicht mehr aus, dass man sich selbst wertschätzt oder gar mit sich selbst zufrieden ist. Nein, es kommt darauf an, dass man lernt, sich selbst zu lieben. Wenn Patienten erkennen lassen, dass sie dazu nicht in der Lage sind, hat der Therapeut endlich etwas zum Einhaken.

Wahrscheinlich empfiehlt er den Patienten, ein Tagebuch zu führen und sich darin jeden Abend vor dem Schlafengehen drei Komplimente zu machen. Nun stellen Sie sich einmal vor, ein Patient hat in sein Tagebuch geschrieben: »Es war toll von mir, dass ich Pfannkuchen gebacken habe.« Bei der nächsten Sitzung sagt er zu seinem Therapeuten: »Ich habe mir zwar ein Kompliment gemacht, aber es geht mir dadurch auch nicht besser. Im Gegenteil, ich fühle mich noch mieser als vorher, weil mir jetzt klar ist, wie leer mein Leben ist...« Mancher Therapeut wird daraufhin freundlich nicken und sagen: »Nun, Sie müssen auch wirklich daran glauben«, »Es kann

schon ein Weilchen dauern, bis sich das gute Gefühl einstellt« oder »Das kommt daher, dass es für Sie noch ungewohnt ist, sich so zu sehen«.

Um ehrlich zu sein: In jungen Jahren war ich auch von dieser Vorgehensweise überzeugt. Warum? Weil sie dem Psychologen die Illusion verschafft, er könnte damit die Sichtweise des Patienten positiv beeinflussen. Und weil der Psychologe »etwas« gibt, das es ihm erlaubt, sich als Heiler zu sehen. Dieses »Etwas« nutzt aber eher seinem eigenen Selbstbewusstsein als dem des Patienten.

Nein, das Credo »Liebe dich selbst!« klingt zwar schön, ist aber kompletter Unsinn, weil Liebe nun einmal nicht dazu gedacht ist, dass man sie auf sich selbst richtet – es sei denn, man hat eine narzisstische Persönlichkeitsstörung.

Liebe gibt man anderen und, wenn man Glück hat, ist sie gegenseitig. Kinder werden nicht durch den Glauben an sich

selbst groß und stark, sondern weil sie von der Liebe ihrer Eltern genährt werden. Und bei Erwachsenen ist es nicht anders: Ein gutes Selbstgefühl kann man sich nicht einreden, es entsteht einzig und allein durch die Liebe eines anderen. Und dafür muss man etwas tun. Menschen, die nichts leisten, sind unattraktiv, bekommen deshalb keine liebevolle Aufmerksamkeit und haben letztlich nichts und niemanden mehr. Dass sie sich wertlos fühlen, ist nur verständlich.

Seltsamerweise machen die Psychologen solchen Verlierern weis, ihr »negatives Gefühl« rühre nicht von mangelnder Tatkraft her, sondern komme daher, dass sie sich selbst nicht liebten. Sie haben die Reihenfolge einfach umgedreht: *Erst einmal* muss man sich selbst lieben, und *dann* kann man die Welt erobern oder was auch immer.

Vielleicht sind Sie der Meinung, ich betriebe hier Wortklauberei und es mache keinen großen Unterschied, in welcher Reihenfolge man Selbstliebe und (gesellschaftlichen) Erfolg miteinander verknüpfe. Aber wie bei vielen anderen Dingen ist auch hier die Reihenfolge entscheidend. Andernfalls haben nämlich Kriminelle, Süchtige und alle anderen, die ihr Leben nicht auf die Reihe kriegen, eine wunderbare Rechtfertigung für das eigene Versagen: Ihre Misere rührt daher, *dass* sie sich nicht selbst lieben. Und solange sie dieses »Mantra« singen, können sie gemütlich auf der Therapiecouch hocken, während der Psychologe sich abmüht, sie davon zu überzeugen, dass sie wertvolle Menschen sind. Und wenn die Sitzung um ist, brauchen sie keinen Finger zu rühren, solange sie nur an sich selbst zweifeln. Das ist herrlich bequem.

Sieht man einmal davon ab, dass es auch selbstbewusste,

süchtige, kriminelle und vollschlanke Faulpelze gibt, wird der Selbstwert von Angebot und Nachfrage bestimmt. Man könnte sagen: »Ein Mensch ist nichts wert, wenn sich niemand etwas aus ihm macht.« Selbstwert ist somit eine Ware, die dem Prinzip der kapitalistischen Marktwirtschaft unterworfen ist. Deshalb haben schöne Menschen mehr Selbstvertrauen und sind auf dem Beziehungsmarkt im Vorteil: Ihre Schönheit ist so begehrt, dass sie keine gestylten Annoncen aufzugeben brauchen, um einen Partner zu finden. Und wer die Freude erlebt, Vater oder Mutter zu werden, bekommt dadurch ebenfalls eine ordentliche Extraportion Selbstwert. Vor allem, wenn die Kinder noch klein sind und Papa und Mama in jeder Hinsicht brauchen, bekommt das »Ich« der Väter und Mütter mehr Auftrieb, als sie es sich je hätten träumen lassen. Manche Eltern erschreckt das allerdings so, dass sie fürchten, diesen Anforderungen nicht zu genügen. Und beim einen oder anderen ist diese »Erfolgsangst« durchaus berechtigt: Er kann schlicht und einfach nicht das bieten, was aufgrund seines »Titels« von ihm erwartet wird.

Anders als man gemeinhin denkt, unterliegen auch Freundschaften dem Marktprinzip: Wer 1. in der Nähe wohnt, 2. ein offenes Ohr hat, 3. gastfreundlich ist, 4. unternehmungslustig ist, 5. beim Umzug hilft, 6. Geld verleiht, 7. in der Kneipe eine Runde ausgibt, 8. Blumen mitbringt, 9. Reparaturen ausführen oder 10. gut kochen kann, zieht viele Freunde an und wird somit in seinem Selbstwert gestärkt. Dennoch akzeptieren viele dieses einfache Prinzip nicht und klagen früher oder später: »Ich will mich gut fühlen, ohne mich ständig verausgaben zu müssen«, »Ich will mich selbst mögen, ohne dass andere mich mögen.« oder »Ein Mensch sollte aufgrund dessen geschätzt werden, was er ist, nicht aufgrund dessen, was er tut.« Aber glauben Sie mir: Diese Einwände sind vollkommen sinnlos. Jeder, der für seine Mitmenschen nicht nützlich ist, wird früher oder später als wertlose Ware auf dem Müll landen.

Aus diesem Grund versuche ich meinen Patienten immer wieder klar zu machen, dass sie an Beziehungen keine zu hohen Erwartungen stellen sollten. Sie können zwar alles Mögliche erwarten, aber wenn sie selbst nichts bieten, was für andere attraktiv ist, dann kommt niemand mehr zu Besuch. Oder anders gesagt: »Ein kahles Huhn kann man nicht rupfen.« Und steht man am Ende ganz allein da, dann bleibt wenig Schätzenswertes an einem selbst. Auf meine immer gleiche erste Frage an neue Patienten: »Was haben Sie für ein Problem?«, bekomme ich immer häufiger die Standardantwort: »Herr Wijnberg, ich glaube, das Problem besteht darin, das ich mich selbst nicht genug liebe.« Ich lache dann und antworte: »Nun, dafür werden Sie wohl gute Gründe haben!«, und später ergänze ich: »Wissen Sie, ich liebe mich selbst auch nicht, aber das kommt daher, dass ich vollauf damit beschäftigt bin, aus meinem Leben etwas zu machen.«

Sie verstehen jetzt, worauf ich hinaus will: Selbstwertgefühl entwickelt man nicht, indem man sich selbst in Gedanken umarmt, sondern indem man ein Fundament aus realen Leistungen legt, die von anderen als wertvoll empfunden werden. Natürlich kommt es vor, dass jemand ein erfolgreiches Leben führt und sich trotzdem wertlos fühlt. In diesen seltenen Fällen liegt meistens frühkindlicher sexueller Missbrauch oder körperliche bzw. seelische Misshandlung vor – Traumata, die auch im Erwachsenenalter einem gesunden Selbstgefühl im Weg stehen. Und diese Tatsache bestätigt meine These, dass man sich nur dann selbst wertschätzen kann, wenn Menschen, die einem wichtig sind, einem Wertschätzung entgegenbringen. Kurzum: Das Gebot »Erst einmal musst du dich selbst lieben!« kann man getrost als heiße Luft abtun.

Der Antrieb kommt aus dem Inneren

Warum will ein Kind Feuerwehrmann werden? Was bewirkt, dass der eine es nicht schafft, mit dem Rauchen aufzuhören, während der andere sein Laster mühelos aufgibt? Und was treibt einen Menschen dazu, mutterseelenallein eine Weltumsegelung zu unternehmen? Die Frage nach der menschlichen Motivation ist faszinierend, und die Antworten darauf sind alles andere als einfach. Wissenschaftler auf der ganzen Welt befassen sich mit Fragen wie: »Wie bringt man die Leute dazu, mehr Gebrauch von öffentlichen Verkehrsmitteln zu machen?«, »Was treibt jemanden zum (Selbst-)Mord?« oder »Sind Menschen von Natur aus monogam?«

Auch Psychologen reden dabei ein Wörtchen mit. Der amerikanische Psychologe und Humanist Abraham Maslow zum Beispiel hat in den 1950er-Jahren eine Theorie formuliert, die als »Hierarchie der Bedürfnisse« bekannt wurde. Seiner Vorstellung nach kümmert sich der Mensch als Erstes darum, dass er genug zu essen und zu trinken sowie ein Dach über dem Kopf hat. Indem er nach mehr und nach besserem strebt, »arbeitet« er sich in der Hierarchie der Bedürfnisse »hoch« und sucht nach Sicherheit und Geborgenheit, Liebe, Zugehörigkeit und Freundschaft, Wertschätzung, Kompetenz und Anerkennung, Wissen, Verstehen und Erkenntnis, Schönheit, Symmetrie und Ordnung, Selbstverwirklichung: volle Entfaltung des eigenen Potenzials und Erlangen von Selbsterfüllung, Transzendenz: anderen helfen, Selbstverwirklichung zu erreichen und ihr Potenzial voll zu entfalten.

Bei dieser Aufzählung fällt auf, dass alles, was den Menschen bewegt, aus dem Inneren kommt. In letzter Zeit ist dieses vereinfachende Denken wieder sehr angesagt.

Insbesondere in Psychologenkreisen neigt man sehr dazu, menschliche Motivation ausschließlich vom Individuum ausgehend zu erklären, und formuliert Leitsätze wie: »Du kannst es, wenn du nur willst!«, »Jeder normale Mensch hat eine Leidenschaft.«, oder »Der wirkliche Antrieb kommt aus dem Inneren.« Betont wird in diesem Zusammenhang vor allem die »intrinsische Motivation« – als brenne irgendwo in jedem Menschen ein heiliges Feuer, das sich selbst nährt. Selbstverständlich gibt es so etwas wie eine innere Kraft: Menschen gehen auf eigenen Füßen den Bürgersteig entlang, kommen von allein auf die Idee, einen Apfelkuchen zu backen, oder bekommen spontan – von innen heraus – das Bedürfnis, ein farbenfrohes Bild zu malen. Und wer sich einmal die Mühe macht, kleine Kinder zu beobachten, wird entdecken, dass sie auch ohne Ermunterung von außen kreischen, lachen oder Kekse aus dem Schrank stibitzen.

Dass jemand aus den eigenen kreativen Quellen schöpft, adelt ihn als Menschen. Er kann beispielsweise sagen: »Das habe ich komplett selbst entworfen.«, »Diese Idee stammt original und exklusiv von mir.« oder »Tief im Inneren habe ich gespürt, dass ich mit ihr die Frau fürs Leben gefunden habe.« Aber ich fürchte, dass viele Menschen – die Psychologen nicht

Warum hat der eine Mensch ein fröhliches Naturell, und der andere ist trübsinnig und depressiv?
Gute Frage.
Im ersten Semester Psychologie habe ich in einem Seminar die gleiche Frage gestellt.
Und wie lautete die Antwort?
Frag nicht nach dem Grund, stoß dich dran gesund.

ausgenommen – gewaltig übertreiben, wenn es um ihre innere Kraft geht. Das meiste, was den Menschen antreibt, kommt keineswegs aus dem Inneren, sondern wird durch bestimmte Umstände, durch Kräfte von außen oder durch das Verhalten oder die Haltung anderer Menschen hervorgerufen. Ein trauriges, aber treffendes Beispiel dafür ist das Entstehen des Nazi-Regimes in Deutschland.

Als der Zweite Weltkrieg zu Ende war und das ganze Ausmaß des Holocaust bekannt wurde, fragten sich viele: »Ist es typisch für den Deutschen, dass er Gräueltaten begeht, dass er sich einer autoritären Führerpersönlichkeit unterwirft, kurz gesagt: dass er von innen heraus faschistisch ist?« Eingehende Untersuchungen ergaben, dass dem nicht so ist. Es ließ sich nicht nur nachweisen, dass jeder Mensch die Neigung hat, einer strengen Obrigkeit Gehorsam zu leisten, sondern auch, dass ein Zusammentreffen von Arbeitslosigkeit, Hunger und sozialer Krise jedes Volk nach einer starken Führerpersönlichkeit rufen lässt.

Ein ganz alltägliches Beispiel für solches Verhalten kann man an Fußgängerüberwegen beobachten: Ist die Ampel rot, und die Herde bleibt stehen, dann geht nur selten jemand trotzdem über die Straße; wagt es aber einer, dann folgen weitere. Ist das erste Schaf, das über den Zaun springt, jemand, der seriös wirkt, ist die Chance noch größer, dass der Rest der Herde folgt.

Betrachten wir die Entwicklung Einzelner, dann sind es weniger die »Schübe« aus dem Inneren, sondern viel eher »große Ereignisse«, die seine Lebensrichtung bestimmen: das Bestehen der Abschlussprüfung, die erste Liebe, eine Schwangerschaft, der erste Job, der Tod des Vaters oder der Mutter, der Konkurs der Firma, eine größere Operation oder eine Scheidung.

Menschen sind von Natur aus faul und nicht erpicht auf Veränderungen. Innerer Antrieb, so man überhaupt davon sprechen will, existiert hauptsächlich in der Phantasie. Menschen können stundenlang träumen, was sie hätten tun müssen, was sie nun endlich tun sollten oder was sie in der Zukunft tun könnten. Vor allem im Sprechzimmer des Psychologen kommt dies zum Tragen. Patienten reden gern über die Misere, aus der sie heraus möchten, über die Ziele, die sie sich setzen wollen, oder die Wünsche, die sie im Inneren hegen. Und so mancher Therapeut lässt sich zum Erstellen eines Stufenplans verleiten, um den Patienten bei der Verwirklichung seiner Vorhaben zu unterstützen.

Die Haltung des Psychologen ist dabei konsequent positiv, während der Patient sich noch ein Weilchen bequem, wie ein Behinderter im Rollstuhl, schieben lässt und dabei die Bremsen anzieht. Paradoxerweise könnte man also behaupten, der Antrieb des Therapeuten resultiere eigentlich aus der Faulheit des Patienten. Betrachten wir das Ganze einmal andersherum, dann scheint es viel vernünftiger, dass der Therapeut in Streik tritt, um auf diese Weise irgendeine Art von Aktion beim Patienten zu provozieren. Aber in den meisten herkömmlichen Praxen ist es nach wie vor der Psychologe, der die meiste Arbeit tut, und zwar aus dem simplen Grund, weil er Erfolg haben will; weil er dem Strom des Negativismus entgegenwirken und zeigen will, dass seine positive Haltung stärker ist.

An diesem Punkt fällt mir einer meiner allerersten Patienten ein. Ein Student kam zu mir, weil er sich in Groningen einsam fühlte und ein isoliertes Leben führte. Auf Anraten meines Supervisors grub ich in seiner Vergangenheit nach Ursachen für seine inneren Hemmungen. Als der Student zur dritten Sitzung kam, strahlte er und wirkte ausgesprochen selbstbewusst. Ganz stolz erzählte er mir, er sei verliebt und habe eine Beziehung mit einer sehr netten jungen Frau, mit der er seit Tagen ständig zusammen sei und alles Mögliche unternehme. Nein, er selbst habe nichts dazu getan; die Studentin habe ihn in einer Vorlesungspause angesprochen und »so kam eins zum anderen«. Nach einer halben Stunde war unser Gespräch zu Ende, und ich wünschte ihm alles Gute für sein weiters Leben. Mein Supervisor war mit meinem Vorgehen nicht recht zufrieden; er meinte, ich hätte die »zu Grunde liegende Problematik« außer Acht gelassen.

Wenn ich mir mein Berufsleben ansehe, möchte ich gern glauben, dass ich als Schriftsteller von innerer Kreativität, originellen Gedanken oder dem tiefen Bedürfnis, der Menschheit etwas Gutes zu tun, angetrieben werde. Der Ehrlichkeit halber gestehe ich aber, dass meine Publikationen das Resultat einer Kombination aus Zufall, Geldsorgen und dem kritischen, aber liebevollen Blick meiner Frau sind. Meine Laufbahn als Schriftsteller nahm nämlich bei einer Geburtstagsfeier ihren Anfang. Ein Mann sprach mich an und sagte, er sei Verleger und suche neue Autoren. Im Spaß sagte ich: »Na denn, vielleicht ist ja der Leitfaden, den meine Frau und ich für die Teilnehmer an unserem Selbstsicherheitstraining verfasst haben, ein potenzieller Bestseller.« Der Mann nahm das für bare Münze, brachte den

Leitfaden unter dem Titel *Was du denkst, das bist du selbst* heraus... und tatsächlich: Es wurde ein Bestseller! Erst da kam ich langsam zu der Überzeugung, dass ich – als Schriftsteller – Geld verdienen könnte.

Und das war auch gut so, denn als die ersten Raten für unser viel zu teures Haus fällig wurden, sah ich mich gezwungen, weitere Bücher zu schreiben. Da meine Frau ausgesprochen aktiv ist und nichts für Leute übrig hat, die ihre Zeit vergeuden, habe ich seither ein Buch nach dem anderen geschrieben. Ein nicht unwichtiges Detail ist dabei die Tatsache, dass die Verleger nach jedem neu erschienen Titel wieder auf der Matte standen und mir den nächsten Vertrag anboten. Und mit einer neuen *Deadline* in Sicht strömte Wijnbergs Schriftstellerblut wieder. Kurzum, liebe Leser: Ich gebe absolut nichts auf das Konzept von der inneren Motivation. Nein, man muss den Leuten eine Belohnung vor die Nase halten, damit sie in Bewegung kommen. Und selbst dann ist es noch fraglich, ob sie in die richtige Richtung gehen.

Nun bleibt natürlich noch die Frage, warum so viele andere Psychologen weiterhin behaupten, der Mensch sei ein Wesen mit Eigenantrieb. Dafür gibt es fünf Gründe:

1. Der Mensch möchte betrogen werden.
2. Träume lassen sich gut verkaufen.
3. Therapeuten wollen etwas zu tun haben.
4. Ab und zu haben sie sogar Recht.
5. Und wer ab und zu bestätigt bekommt, dass er Recht hat, weicht ungern von seinen Überzeugungen ab.

Meine Schlüsse sollten Sie nicht deprimieren, denn wer sich im Leben engagiert, Verantwortung übernimmt und liebevolle Beziehungen eingeht, der hat ausreichend »Ansporn«, etwas daraus zu machen. Der Mensch ist zu den unglaublichsten Dingen imstande, wenn er anderen auf Augenhöhe begegnet.

Das kommt von einer schlimmen Kindheit

Eigentlich ist es völlig logisch: Der einzige Psychologe, der je eine gravierende Veränderung bewirkt hat, nämlich Sigmund Freud, gründete sein Lebenswerk auf die These, dass der Mensch durch die Entwicklungen in seiner Kindheit ge- bzw. verformt wird. Auch alle anderen Freud'schen Behauptungen, wie etwa der Mensch strotze vor sexueller Energie, emotionale Traumata würden verdrängt oder was den Menschen im Innersten antreibe sei zumeist unbewusst, waren so neu, so schockierend und imponierend, dass der Nachhall bis heute in allen Bereichen der Psychologie zu hören ist. Natürlich wurden in den vergangenen hundert Jahren auch kritische Kommentare zu Freud verfasst, was aber nicht dazu geführt hat, dass seine Ideen aus der volkstümlichen Vorstellung davon, »wie Menschen sind«, verschwunden wären. Und so hängen die meisten praktizierenden Psychologen nach wie vor der Überzeugung an, die Probleme ihrer Patienten kämen daher, dass diese als Kinder Opfer von Erziehungsfehlern wurden.

Das kommt diesen Psychologen sehr gelegen, denn wer nicht richtig erzogen wurde, kann umerzogen werden. Und das wiederum bedeutet jede Menge bezahlte Arbeit für sie. Ich persönlich finde es auffallend und amüsant, wie oft Patienten vorprogrammiert ihre Schwierigkeiten erklären und beispielsweise sagen: »Ich weiß schon, dass ich keine Schuldgefühle zu haben brauche, aber ich habe trotzdem welche, weil meine Mutter immer darauf bestanden hat, dass ich meine Pflichten erfülle.« Ich lache dann und sage: »Geben Sie ruhig Muttern die Schuld an allem, das sind die Mütter heutzutage gewöhnt. Aber wie wäre es, wenn Sie sie zur Abwechslung mal Gott, dem System, der Gesellschaft, Ihrem Bruder, den Hormonen oder den seltsamen Freunden, mit denen Sie umgehen, in die Schuhe schieben?« Verwundert gucken die Patienten mich dann an, und manch einer sagt: »Ja, glauben Sie denn nicht, dass die Vergangenheit die Gegenwart bestimmt?«, worauf ich jedes Mal antworte: »Ich glaube eher das Gegenteil.« »Wie meinen Sie das?«, lautet die nächste, mit noch größerer Verwunderung gestellte Frage. »Ich meine, dass das gegenwärtige Denken die Vergangenheit einfärbt. Wenn Sie so in Bedrängnis sind, dass Sie keinen Blick mehr für die Zukunft haben, schauen Sie automatisch auf negative Weise zurück. Aber das heißt noch lange nicht, dass die Vergangenheit, Ihre Mutter, Ihre Erziehung oder Ihre Jugend tatsächlich so schlimm waren. Und schon gar nicht, dass Ihre Eltern an Ihren derzeitigen Problemen Schuld haben. Und selbst wenn es so wäre, was hätten Sie davon, andere als Schuldige hinzustellen?«

Apropos Schuld zuschieben: Natürlich kommt es vor – und zwar leider viel zu oft –, dass Kinder von ihren Erziehungsberechtigten seelisch oder körperlich misshandelt werden. Auch weniger gravierende Fälle von emotionalem Versagen der Eltern oder Kontaktstörungen können Menschen bis ins Erwachsenenleben verfolgen. Verstehen Sie mich bitte richtig: Ich leugne keinesfalls die Existenz von elterlichem Versagen und dessen Folgen: Mir geht es vielmehr darum, dass Therapeuten die traurigen Geschichten ihrer Patienten oft so intensiv mitbeklagen, dass das aktuelle Problem außen vor und damit ungelöst bleibt.

Nehmen wir beispielsweise Hannes Fall: Sie wurde auf subtile Weise von ihrem Vater abgelehnt, und zwar so nachdrücklich, dass es absolut verständlich ist, dass Hanne heute – als verheiratete, berufstätige Frau und Mutter zweier Kinder – Angst vor ihrem Mann hat und sich ihm gegenüber viel zu unterwürfig verhält. Um bei ihr einen Funken Verantwortungsbewusstsein hervorzulocken, sage ich in einem unserer Gespräche: »Alle Frauen aus meinem Bekanntenkreis, die einen üblen Vater hatten, sind zum Sklavendasein verurteilt. Und vielleicht ist das sogar gut so, denn irgendjemand muss schließlich die Dreckarbeit machen.« Vorsichtig protestierend sagt

Hanne: »Ja, aber ich will auch mal einen Tag lang mit ein paar Freundinnen bummeln.«

Provozierend setze ich noch eins drauf: »Bummeln, aha! Kein Wunder, dass Ihr Vater so enttäuscht von Ihnen war. Zeit verschwenden statt was Nützliches tun, Sie sollten sich schämen…« Da wird Hanne deutlich und sagt: »Es ist mir piepegal, was ihr Männer von mir haltet. Für kommendes Wochenende verabrede ich mich mit meinen Freundinnen, und ich sorge dafür, dass mein Mann sich um die Kinder kümmert. Basta!«

In meinen Augen besteht die Aufgabe eines Therapeuten darin, seine Patienten mit der Verantwortung für sich selbst und für die Lösung ihrer Probleme zu konfrontieren. Die meisten Kollegen, mit denen ich darüber spreche, stimmen mir zu, setzen es aber in ihrer täglichen Praxis nicht um. Ich frage mich, warum das so ist. Als einzige Erklärung fällt mir ein, dass es ihnen, genau wie vielen anderen Menschen, schwer

fällt, im persönlichen Gespräch harte Worte zu gebrauchen. Es ist natürlich einfacher, Streit und Konflikte zu vermeiden, als das Risiko einzugehen, von anderen abgelehnt zu werden. Auch Therapeuten haben Gefühle, und das bedeutet, dass sie den Kontakt mit ihren Patienten lieber »angenehm« gestalten. Aber über alles den Mantel der Harmonie auszubreiten, führt zum immer gleichen Resultat: Das Problem existiert weiterhin, und das Gespräch erschöpft sich in endlosen theoretischen Spekulationen darüber, wie und warum es so schief laufen konnte. Und das Einzige, das sich dadurch verbessert, ist der Kontostand des Psychologen.

Ein anderer Punkt ist der: Indem sich Therapeuten fast ausschließlich auf die Vergangenheit ihrer Patienten, deren Erziehung und ihr Verhältnis zu den Eltern konzentrieren, fallen andere Einflüsse auf ihre Entwicklung unter den Tisch. Andere Einflüsse? Klar! Menschen haben auch Freunde, Kollegen und Nachbarn – und manche Leute werden depressiv, weil sie einfach zu wenig in der Sonne sind. Mir fällt da ein Gespräch ein, das ich kürzlich mit einem Kollegen aus Amerika geführt habe. Ich beglückwünschte ihn zu seiner tollen Wohnung, zu seiner edel eingerichteten Praxis mit eindrucksvollen Gemälden an den Wänden und fragte, wie er das denn »geschafft« habe. Er antwortete lachend: »Mein bester Freund hat immer gesagt: ›*Follow the rich.*‹ Und genau das habe ich gemacht. Wenn man seine Praxis in einer Gegend eröffnet, in der nur Millionäre wohnen, kann man auch gesalzene Honorare verlangen. Tja, und der Rest ergibt sich.«

Die Moral von der Geschicht: Sowohl die angenehmen als

auch die unangenehmen Aspekte des Lebens können durch die Umstände, die Umgebung oder die Menschen, mit denen man zu tun hat, bestimmt werden. Ich bin der festen Überzeugung, dass die Gesamtheit der Einflüsse im Hier und Jetzt mehr »erklärt« als Tatsachen und Ereignisse aus der Vergangenheit. So hat beispielsweise jemand zu rauchen angefangen, weil sein Vater es ihm streng verboten hatte. Heute aber raucht er, weil er süchtig nach Nikotin ist. Ein anderer hat große Angst vor Gewittern, weil seine Eltern bei jedem Unwetter in Panik gerieten. Als Erwachsener aber verhält er sich immer noch ängstlich, weil er damit die Aufmerksamkeit auf sich lenken kann.

Menschen sind im Straßenverkehr nicht etwa aggressiv, weil sie als Kinder ihre Wut nicht rauslassen durften, sondern weil sie – im Stau stehend – eine wichtige Verabredung verpassen. Und Frauen sind nicht kritisch, weil ihre Mütter auch so waren, sondern weil ihre Männer so schlampig sind. Und ein Landstreicher streicht nicht durch die Lande, weil er als Kind emotional vernachlässigt wurde, sondern vielleicht, weil er es genießt, keine Verantwortung mehr tragen zu müssen. Nein, Karl geht nicht deshalb fremd, weil – wie er behauptet – die Ehe seiner Eltern so schlecht war, sondern weil seine Freundin zwanzig Jahre jünger ist als seine Frau und ihn wie einen jungen Gott verehrt. Und Frieda ist nicht deshalb depressiv, weil sie – wie sie behauptet – von ihren Eltern keine Unterstützung bekam, als sie in der Schule gehänselt wurde, sondern weil sie eine misslungene Brustvergrößerungsoperation hinter sich hat.

Kurz gesagt: Verschaffen Sie sich ein Gesamtbild vom derzeitigen Leben eines Menschen, von seinen Beziehungen und jüngeren Erfahrungen, und das »Wie und Warum« wird glasklar. Nichtsdestoweniger graben Therapeuten und ihre Patienten lieber in der Vergangenheit, statt in der Gegenwart zu handeln. So verschaffen sie sich gegenseitig die Möglichkeit, viel zu reden, und zwar immer um den heißen Brei herum. Dadurch ergibt sich für beide Parteien letztlich eine Win-Win-Situation: Der Psychologe kann seine Fähigkeiten unter Beweis stellen, was tiefsinnige Erklärungen anbelangt, und der Patient kann seinem Lebensschmerz kurzzeitig entkommen. Ich persönlich sehe keinen Sinn im Auswalzen der Vergangenheit. Gerede über alte Geschichten schläfert mich ein. Ich weigere mich, bei der Suche nach elterlichen Sündenböcken mitzumachen, weil sie in therapeutischer Hinsicht absolut nichts bringt. Und ich bin nun einmal gern effizient.

Du brauchst dich nicht schlecht zu fühlen

Die erste Frage, die so mancher Psychologe seinen Patienten stellt, lautet: »Was ist los?« Als Antwort kommt oft eine lange Geschichte, die sich mit den Worten »Ich fühle mich furchtbar schlecht« zusammenfassen lässt. Dieses Gefühl kann durch Kummer, Anspannung oder Ohnmacht bedingt sein, aber auch durch eine unbestimmte Unzufriedenheit, durch körperliche Beschwerden, Trübsinn oder eine Kombination dieser Faktoren. Die Klage des Patienten birgt den Wunsch, kein schlechtes Gefühl mehr zu haben. Und ohne groß nachzudenken, macht sich der Psychologe daran, das negative Gefühl zu zerstreuen. Natürlich werden Sie – genau wie jene Psychologen – jetzt sagen: »Es ist doch auch nicht normal/nötig/angenehm, dass man sich schlecht fühlt; warum geht man sonst zum Therapeuten?«

Ich gebe zu: Schön ist es nicht, an einer Depression zu leiden, Panikattacken zu haben oder nicht schlafen zu können. Dennoch sind viele Psychologen in den letzten Jahrzehnten zu bereitwillig auf solche Klagen ihrer Patienten eingegangen. Mit Slogans wie »denk dich stark«, »immer glücklich« und »positiv leben« haben sie die Illusion geweckt, es wäre möglich, dem Lebensschmerz dauerhaft zu entgehen. Aber die Wirklichkeit sieht anders aus. Genau wie es »nach oben« nur dank »nach unten« gibt oder »weiter weg« nur in Bezug auf »näher da« verständlich wird, lassen sich positive Gefühle nur im Kontrast zu ihren Gegenpolen benennen. Anders ausgedrückt: Niemand könnte glücklich sein, wenn er das Glücksgefühl nicht gegen Gefühle wie Frustration, Schmerz und Unzufriedenheit absetzen könnte.

Was man empfindet, ist untrennbar mit äußeren Umständen oder Ereignissen verbunden. Angst kriegen, wenn man bedroht wird, oder traurig sein, wenn man im Stich gelassen wird, ist ebenso logisch wie sich freuen, wenn man ein Kompliment bekommt, oder lachen, wenn man liebevoll geneckt wird. Natürlich kommen auch »unnormale Kombinationen« vor, wie sich freuen, wenn jemand stirbt, oder wütend werden, wenn man ein Geschenk bekommt. Die Geschichte dahinter liefert jedoch stets eine logische Erklärung. Das heißt nicht, dass Gefühle grundsätzlich die Wahrheit ausdrücken. Jemand, der zum Beispiel sagt: »Dieser Mann ist einfach unzuverlässig, ich fühle das«, will mit »Gefühlsargumenten« nur Beifall heischen. Das aber nur am Rande. Mir geht es viel mehr darum, dass »das Gefühl« sich auf natürliche Weise aus dem ergibt, was jemand erlebt. Jemand, der wütend oder frustriert ist, weil seine Liebe zum x-ten Mal nicht erwidert wird, der fühlt sich wahrscheinlich elend, reagiert aber trotzdem realitätskonform.

Negative Gefühle haben natürlich auch eine Bedeutung oder Funktion. Insbesondere die Grundemotionen wie Angst, Wut und Trauer dienen einem wichtigen Zweck, nämlich den Menschen zu schützen, zu aktivieren oder zum Nachdenken zu bringen. Angst bewirkt, dass wir wachsamer für mögliche Gefahren werden. Wut (gesunde Aggression) aktiviert den Menschen, sich zu behaupten. Und Kummer bringt uns zum Nachdenken über das, was im Leben wirklich wichtig ist. Ein

Psychologe, der gleich dabei ist, »unangenehmen Gefühlen« den Garaus zu machen, kann damit eine Arznei verabreichen, die schlimmer ist als das Leiden selbst.

Nehmen wir zum Beispiel Hans: Er berichtet, er fühle sich unruhig, lustlos und unzufrieden, seit er als Sprachlehrer für Asylbewerber arbeite. Er ist aus dem lebhaften Westen der Niederlande in den stillen Norden gezogen, und zwar aus dem ganz banalen Grund, weil er nirgendwo anders eine Stelle gefunden hat. Sein Psychologiestudium hat er nach zwei Jahren abgebrochen, weil es ihm zu viel und zu langatmig war. Ein anderes Studium will er nicht aufnehmen, weil ihm das zu anstrengend ist, aber zugleich ist ihm klar, dass er nie vorwärts kommen wird, wenn er keine Berufsausbildung macht. Seine Unzufriedenheit reagiert er ab, indem er Streit mit seiner Freundin sucht, und er ist mehrmals fremd gegangen, um seinem öden Leben einen Kick zu geben. Leider währte das Vergnügen nur kurz, und jetzt ist er wieder an dem Punkt angelangt, dass er »sich selbst nicht finden kann«. Als er seine Geschichte beendet hat, lache ich und sage schulterzuckend: »Tja, es scheint mir nur logisch, dass Sie unzufrieden sind. Sie haben keine Lust, sich in irgendeiner Weise zu engagieren, und wundern sich, wenn das Leben Sie nicht auf Zuruf bedient. Würde ich so leben, wäre ich auch unzufrieden.«

Hans protestiert: »Trotzdem verstehe ich nicht, warum ich mich nicht mehr so lebensfroh und aktiv fühle wie mit zwanzig. Damals war das Leben ein einziges Fest, jetzt dagegen bin ich so matt und negativ.« Ich lache wieder und sage: »Nun ja, wenn man jung ist und studiert und noch keine Verantwortung trägt, dann hat man an vielem Spaß. Aber wenn man –

so wie Sie jetzt – für nichts einen Finger krumm macht, dann ist da auch wenig, auf das man stolz sein kann, nicht wahr? Mir wird schon beim Anhören Ihrer Geschichte ganz seltsam zumute; ich darf mir gar nicht vorstellen, dass Sie wirklich so leben. Wenn Sie mich fragen, sind Sie noch gar nicht unzufrieden genug!«

»Wieso das?«, fragt Hans.

Ich darauf: »Erst wenn Sie sich selbst so richtig zuwider sind, raffen Sie sich vielleicht auf, etwas dagegen zu tun.«

Interessant ist natürlich, weshalb sich Sozialwissenschaftler, Psychologen und Psychotherapeuten so sehr auf das »Wegwischen« des natürlichen Lebensschmerzes verlegt haben. Eine mögliche Antwort ist die, dass wir in der freien westlichen Welt schon lange keinen Krieg mehr hatten und in großem Wohlstand leben. Dazu gehört ein hedonistischer Lebensstil: Pflücke den Tag, genieße alles, und ein jeder möge allzeit froh und positiv sein. Dieses Phänomen zeigt sich heutzutage auch

in der Erziehung; Kinder sollen es schön haben, andernfalls stimmt etwas nicht. Daraus ergibt sich das Phänomen der niedrigeren Frustrationstoleranz: Je bequemer die Menschen leben, desto schlechter können sie Niederlagen einstecken. Infolgedessen werden höhere Ansprüche an die psychosoziale Betreuung gestellt, und das wiederum bewirkt, dass Therapeuten mehr »positive Techniken« in ihr Angebot aufnehmen, nach dem Motto »Hauptsache, es verkauft sich«. Und natürlich ist es für den Therapeuten oft auch sehr verlockend, einem Patienten in Not sofort eine helfende Hand zu bieten.

Wenn Karin mir sagt, sie sehe ihrem Bewerbungsgespräch mit Schrecken entgegen, weil so viel davon abhänge, dann liegt es auf der Hand, ihr ein paar Entspannungsübungen zu empfehlen, und sei es nur aus reiner Menschlichkeit. Das lindert vielleicht für kurze Zeit ihre Sorgen, aber letztlich gehören solche Empfehlungen in die Kategorie »schwacher Trost«. In Karins Fall stellte sich übrigens bei näherer Betrachtung heraus, dass ihre Bewerbungsangst zu Recht bestand. Sie war schlecht vorbereitet, hatte sich noch nie zuvor beworben und war für die Stelle, die sie haben wollte, unterqualifiziert. Ihre Gefühlsreaktion stimmte also mit dem Gesamtbild der Realität überein.

Wer vom Fahrrad stürzt und sich die Knie aufschlägt, der spürt Schmerz. Der Schmerz ist aber nicht nur der Beginn der Heilung, sondern auch eine Warnung, beim nächsten Mal besser aufzupassen: Aus Schaden wird man klug. Dieses Prinzip gilt ebenso für seelischen Schmerz. Menschen entwickeln Misstrauen, wenn sie von anderen verletzt werden, denn ein seelischer Schlag kann härter treffen als eine Ohrfeige und ist eine Erfahrung, die es in Zukunft zu vermeiden oder aber zu parieren gilt. Somit ist es nicht nur unsinnig, Menschen mit positiven Phrasen wie »Jeder hat das Recht, sich gut zu fühlen!« abzuspeisen, sondern auch gefährlich, weil es die natürlichen Schutzmechanismen untergräbt.

Selbstverständlich kommt es vor, dass Menschen in ihrem Selbstschutz übers Ziel hinausschießen und so misstrauisch werden, dass ein neues Problem entsteht: Die guten Menschen müssen für die schlechten den Kopf hinhalten, und der Betreffende bringt sich selbst um Kontakte, die bereichernd sein könnten. Dennoch halte ich als Psychologe es für wesentlich, dass Menschen selbst bestimmen, mit welcher Mischung aus Vertrauen und Misstrauen sie anderen begegnen, und zwar, weil sie nur auf diese Weise ihren eigenen Charakter und ihren eigenen Umgangsstil mit anderen entwickeln können. Der eine ist diplomatisch und distanziert, der andere gefällig und einnehmend und der nächste wiederum diplomatisch, einnehmend, aber trotzdem unpersönlich.

Aber zurück zum Thema des Kapitels: Jemand, der sagt, er fühle sich »schlecht«, weil er etwa schlaflose Nächte hat, während seine Kinder durch Amerika trampen, der hat dazu allen Grund. Sorgen lösen automatisch ein Gefühl des Unbehagens aus, ebenso wie ungehöriges und unmoralisches Verhalten bei normalen Menschen am Gewissen nagt. Das schlechte Gefühl hält den Menschen »im Gleis«. Es braucht nicht wegargumentiert zu werden, nur weil es unangenehm ist – ganz abgesehen davon, ob das überhaupt möglich ist.

In diesem Zusammenhang ist das Reframing derzeit ausgesprochen populär. Reframing ist eine Methode, bei der Erfahrungen des Menschen unter anderen Gesichtspunkten betrachtet werden; das ist im Übrigen ein wesentlicher Bestandteil jeder Form von Therapie. Ein Beispiel: Ein Patient sagt, er fühle sich von seinem Vater verletzt, der ständig herablassende, kritische Bemerkungen mache. Ein Reframe könnte in diesem Fall so aussehen: »Mein Vater ist einsam und schreit nach Aufmerksamkeit« oder »Dass mein Vater mich kritisiert, beweist, dass er über mich nachdenkt« etc. Ein weiteres Beispiel: Ein Patient hat Angst, dass seine Präsentationen nicht gut ankommen. Ein Reframe könnte so aussehen: »Ihr Realitätssinn ist in Ordnung, denn Menschen sind immer kritisch« oder »Je selbstkritischer Sie sind, desto besser die Präsentation.« Reframing eröffnet immer eine neue, brauchbare Perspektive, kann aber auch über das Ziel hinausschießen und in der Kategorie »Wie halte ich mich selbst zum Narren« landen. Wenn ein streunender Hund in meine Praxis läuft und überall hinkackt, dann mache ich mir selbst etwas vor, wenn ich sage: »Wie schön, dass sich der Hund bei mir so wohl fühlt!«

Das muss erst verarbeitet werden

Manchmal kommen Patienten mit einem klar umrissenen Problem zum Psychologen und sagen: »Ich fühle mich einsam; es gelingt mir nicht, Freunde zu finden.« Öfter aber kommt es vor, dass der Patient sein Problem nicht so deutlich ausdrücken kann und etwas Vages sagt, etwa: »Mir macht in letzter Zeit was zu schaffen, aber ich weiß nicht was.« In beiden Fällen geht mancher Psychologe nach dem Standardrezept vor: Er fragt nach der Familiensituation oder Ereignissen in der ferneren Vergangenheit, und sobald der Patient ein emotional aufgeladenes Thema anspricht (und dabei idealerweise auch noch in Tränen ausbricht oder wütend mit dem Fuß aufstampft), sagt der Therapeut: »Ganz eindeutig haben Sie das noch nicht verarbeitet.«

Unverarbeitete Trauer, unverarbeitete Traumata, unverarbeitete Wasweißichs zu diagnostizieren, ist außerordentlich praktisch, denn diese Diagnose trifft praktisch für jeden zu. Wer empfindet nicht aufs Neue Frustration, Wut oder Trauer, wenn er an Situationen zurückdenkt, in denen er von anderen verletzt wurde? Und wer verspürt nicht aufs Neue Angst, Schmerz oder Trauer, wenn er über den Verlust eines Menschen spricht, der ihm lieb war? Es ist eine Tatsache, dass stark erlebte Emotionen wieder wach gerufen werden, wenn der

Patient die Erinnerung daran noch einmal lebendig werden lässt. Das erneute Durchleben alter Gefühle ist somit eher eine Fähigkeit als ein Mangel – mit Sicherheit aber kein Hinweis darauf, dass der Betreffende bestimmte Erlebnisse unzureichend verarbeitet hat. Und auch kein Beweis dafür, dass er dadurch in seine aktuelle seelische Notlage geraten ist.

Dennoch behaupten Psychologen üblicherweise (siehe »Das kommt von einer schlimmen Kindheit«, Seite 27), es sei logisch, dass Menschen im Leben scheitern, wenn sie ihre Vergangenheit nicht richtig verarbeitet hätten. Diese Vorstellung lässt sich auch so formulieren: Man kann erst wieder richtig gut Rad fahren, wenn am Fahrrad sämtliche Reparaturen ausgeführt sind. In der Praxis sieht es aber ganz anders aus. Man kann nämlich sehr gut auf halb kaputten Fahrrädern fahren. Oder man kauft sich eben ein neues Fahrrad. Vor allem Letzteres ist eine bewährte Methode. Bei den meisten Leuten mit Liebeskummer ist der Schmerz sehr schnell vorbei, wenn sie sich wieder verlieben und ihr Glück in einer neuen Beziehung versuchen. Die Tatsache, dass jemand eine neue Beziehung hat, macht es ihm leichter, den Verlust der früheren zu verarbeiten, weil er nicht mehr in der Vergangenheit stecken bleibt. Man löst sich leichter und schneller, wenn da jemand ist, an den man sich binden kann.

Ich weiß, es klingt herzlos, aber die Wirklichkeit ist nun einmal so, dass Menschen genauso austauschbar sind wie Fahrräder und dass jeder sich besser fühlt, wenn wieder Bewegung in sein (Gefühls-)Leben kommt. Damit stellt sich die Frage, wie »richtige« Verarbeitung nun eigentlich aussieht. In Fachbüchern kann man nachlesen, dass die emotionale Verarbeitung einem bestimmten natürlichen Muster folgt und in Phasen verläuft: Schock – Verneinung – Ohnmacht – Kummer – Wut – Schuldgefühl – Angst… und dann hat man es hinter sich, und der Betreffende meistert mit frischem Mut in der Gegenwart und voller Vertrauen in die Zukunft wieder seinen Alltag. Es gibt genug Menschen, die den Verarbeitungsprozess auf genau diese Weise erleben.

Ich möchte daher auch nicht leugnen, dass es den Verarbeitungsprozess gibt. Allerdings verwahre ich mich gegen die Einstellung all jener Kollegen, die darauf beharren, die Verarbeitung sei eine *Notwendigkeit* und damit eine *Voraussetzung*, um überhaupt wieder ein normales Leben führen zu können. Der wichtigste Grund, weshalb ich mich dagegen wehre, ist, dass es ziemlich viele Erfahrungen gibt, die nach menschlichem Ermessen gar nicht zu verarbeiten sind. Jemand, der ein Kind verloren hat, wird verstehen, was ich meine. Der Verlust eines Kindes ist für die Eltern niemals eine »abgeschlossene Sache«, sondern eine tiefe Wunde, die bei jeder neuen Berührung wieder schmerzt. Und selbst wenn man ein solches Trauma verarbeiten könnte, würden die Eltern wohl gar nicht wollen, dass der Schmerz jemals ganz verschwindet. Sie erleben den Schmerz als eine Möglichkeit, die Erinnerung, das Gedenken an ihr Kind lebendig zu halten. Nun sagen Sie selbst: Was sollte dagegen sprechen?

Ich verwahre mich ferner gegen die Diagnose »unverarbeitete Emotionen«, weil sie ziemlich vielen Patienten sehr gelegen kommt. Denn solange sie ihre Vergangenheit, ihr Trauma oder ihr Wasweißich nicht verarbeitet haben, brauchen sie nicht aktiv zu werden und ihrem Leben eine konstruktive

Wendung zu geben. Das Einzige, was sie tun müssen, ist, jede Woche zu ihrem Therapeuten gehen und eine Weile rumjammern oder aggressiv auf Kissen einschlagen, zum Zeichen, dass sie noch nicht so weit sind, ihr normales Leben (wieder) aufzunehmen. Und für den Therapeuten ist das Ganze eben-

falls eine bequeme Sache: Er braucht nur die alten Geschichten wieder aufzuwärmen und bei jeder Träne die gleiche Feststellung zu machen, nämlich: »Tja, Sie sind also noch nicht so weit.«

Auffallend ist, dass diese Vorgehensweise traditionell eingestellter Psychologen so weit verbreitet ist, dass die Patienten selbst schon die Therapie in diese Richtung lenken. Ich merke das, wenn jemand zum ersten Mal in meinem Sprechzimmer sitzt und sagt: »Ich habe momentan Probleme mit meinem Partner, und das kommt daher, dass ich die schwierige Beziehung zu meinem Vater noch nicht richtig verarbeitet habe.« In einem einzigen Satz sagen sie, das sie sich nicht mit dem anstehenden Problem befassen, sondern ihre Zeit lieber mit dem Ausgraben von Leichen vergeuden möchten. Therapeuten, die ernsthaft dagegen angehen wollen, haben folgende Möglichkeiten:

1. Die Notwendigkeit der Verarbeitung wird vom Therapeuten verbal und nonverbal stark übertrieben: »Ui, da bin ich aber froh, dass Sie sich zunächst mit der Vergangenheit befassen wollen; ich habe nämlich eine Vorliebe für Geschichte und schlage deshalb vor, wir fangen bei Ihrer Geburt an, oder besser noch, wir analysieren erst mal eingehend Ihre früheren Leben.«
2. Der Vater wird als Verursacher des Problems an den Pranger gestellt: »Die Väter sind an allem Elend der Welt schuld. Ich habe das mittlerweile so satt, dass ich vorschlage, Sie gründen unverzüglich eine Vereinigung namens VGGV (»Vereinigung gegen gestörte Väter«); der können sich dann

noch andere Opfer anschließen, sodass Sie gemeinsam alle Traumata auf einen Rutsch verarbeiten können.«

3. Der Therapeut benennt sofort einen anderen (ebenso unschuldigen) Schuldigen: »Nein, nicht Ihr Vater, sondern Ihre Mutter/die Gesellschaft/Ihr Hormonspiegel/Ihr Chef/das System oder das Klima ist schuld daran, dass Sie Probleme mit Ihrem Partner haben.«
4. Der Therapeut geht auf übertriebene Weise auf den Patienten ein und sagt seufzend etwas in der Art wie: »Ich gehe mit Ihnen liebend gern um den heißen Brei herum, wenn Sie Ihr gutes Geld dafür ausgeben wollen, ich meine, ich höre mir gern die ganzen alten Geschichten über Ihren Vater an, aber halbwegs spannend sollten sie schon sein, damit ich nicht einschlafe.«
5. Der Therapeut stellt sich passiv und überlässt dem Patienten die Initiative: »Da Sie schon genau wissen, was mit Ihnen los ist, nehme ich an, Sie können auch mir genau sagen, worin meine Aufgabe als Therapeut besteht. Geben Sie mir also bitte eine Liste mit Fragen, die ich Ihnen stellen soll, und mit Tipps, wie ich auf Ihre jeweiligen Antworten zu reagieren habe. Schließlich muss ich ja auch wissen, woran ich bin, sonst brauchen wir gar nicht erst anzufangen.«
6. Der Therapeut stellt sich dumm und fragt, was es mit dem Wort »verarbeiten« genau auf sich hat: »Ich hinke vielleicht ein bisschen hinterher, was die neuesten Entwicklungen angeht, aber ich verstehe einfach nicht, was mit ›emotionaler Verarbeitung‹ gemeint ist. Hoffentlich können Sie mir das genau erklären, dann weiß ich zumindest, wie ich die Behandlung anzugehen habe.«

Der Effekt all dieser Reaktionen besteht darin, dass der Patient nachzudenken beginnt. Er muss klar machen, was er will, er muss den absurden Behauptungen des Therapeuten etwas Sinnvolles entgegensetzen, und/oder er wird auf subtile Weise mit seinem eigenen Verdrängungsverhalten konfrontiert. Meine Erfahrung mit solchen provokanten Reaktionen ist, dass es nicht lange dauert, bis der Patient lachend zugibt: »Ach ja, ich weiß schon, dass ich dem tatsächlichen Problem ausweiche, aber ich habe nun mal Angst vor der Wirklichkeit.« Wie auch immer, die Notwendigkeit der Verarbeitung wird sowohl von Patienten wie auch von Therapeuten völlig übertrieben.

Eine Psychotherapie ist ein langer Prozess

Vor gar nicht allzu langer Zeit war es durchaus üblich, dass Patienten jahrelang an fünf Tagen pro Woche zur Therapie gingen. Diese »Tradition« entspringt der Psychoanalyse Sigmund Freuds. Er ging davon aus, dass Neurosen sich nur dann heilen lassen, wenn der Patient in seine früheste Kindheit zurückgeführt wird, um sämtliche Phasen seiner emotionalen Entwicklung noch einmal zu durchleben. Nur so könne man zum Kern der inneren Konflikte vordringen und mit Hilfe der gewonnenen Erkenntnisse wieder »aufs richtige Gleis« gelangen. In den letzten dreißig Jahren sind die meisten Therapeuten von diesem extrem langen Weg abgekommen und bemühen sich nach Kräften um ein schnelleres und effektiveres Vorgehen.

Trotzdem ist es heutzutage keine Ausnahme, wenn Patienten zwei, drei Jahre lang wöchentlich zum Therapeuten gehen. Für Letzteren ist das nicht weiter problematisch, weil es ihm ein festes Einkommen verschafft, und den Patienten wiederum ist es offenbar ihr gutes Geld wert, ganz persönliche Aufmerksamkeit zu bekommen. Im Grunde genommen ist der therapeutische Kontakt oft nichts anderes als eine Art bezahlte Freundschaft, auch wenn niemand das laut sagen mag.

Wenn beide Parteien sich darüber stillschweigend einig sind, gibt es im Prinzip wenig daran zu kritisieren. Ich mache es aber trotzdem. Es geht mir gegen den Strich, wenn Therapeuten opportunistisch handeln. Zum eigenen Nutzen erhalten sie den Mythos aufrecht, eine Psychotherapie sei ein langer Prozess, und sie wissen, dass es ziemlich einfach ist, die Patienten davon zu überzeugen. In diesem Zusammenhang setzen Therapeuten verschiedene Taktiken ein, um den langsamen Veränderungsprozess beim Patienten zu rechtfertigen. Auf die sieben am häufigsten verwendeten möchte ich nachstehend eingehen. Wie ich bereits erwähnt habe und noch mehrfach erwähnen werde, habe ich selbst jahrelang auf diese Weise gearbeitet. Damals habe auch ich geglaubt, eine Therapie sei ein langer, mühsamer Prozess. Und ganz vom Glauben abgefallen bin ich nicht. Allerdings bin ich inzwischen davon überzeugt, dass Menschen sich auffallend schnell än-

dern können, wenn man sie nur genügend herausfordert, ihnen eine Art »mentale Schockbehandlung« angedeihen lässt, die sie zwingt, die ausgetretenen Pfade des »normalen« Denkens zu verlassen. Selbstverständlich ist es billig, Traditionen anzuprangern und mit nichts Besserem aufwarten zu können. Deshalb zeige ich zu jeder der sieben Verzögerungstaktiken eine effektivere Alternative auf.

Taktik 1: *Der Mensch ist wie eine Zwiebel.*
Erst wenn alle Schichten abgepellt sind, kommt man zum Kern des Problems. Diese Taktik lässt sich leicht verkaufen, indem der Therapeut ganz einfach ständig nach dem Warum fragt: *Warum haben Sie Angst vor Kritik?* Weil ich Angst habe, nicht gut anzukommen. *Warum haben Sie Angst, nicht gut anzukommen?* Weil ich sonst nicht dazugehöre. *Warum möchten Sie so gern dazugehören?* Weil ich allein nichts dar-

stelle. *Warum stellen Sie nichts dar?* Weil ich mich wegen meiner Familie schäme. *Warum schämen Sie sich wegen Ihrer Familie?* etc., etc.

Alternative: *Der Mensch ist, wie er ist.*
Menschen sehen sich selbst gern als hoch komplex an. Am besten aber kann man sie beurteilen, wenn man nur betrachtet, wie sie sich verhalten, und in der therapeutischen Beziehung ergeben sich dazu genug Hinweise darauf. Die Frage nach dem Warum ersetzt der Therapeut besser durch die wiederholte Frage »Na und?!« Sehr bald wird der Patient von selbst sagen, wohin er will und wie. Oder auch nicht – aber dann weiß man wenigstens gleich, dass er nur jammern will.

Taktik 2: *Wenn es 25 Jahre gedauert hat, in dieses seelische Chaos zu geraten, sollte man nicht erwarten, binnen ein paar Stunden wieder herauszukommen.*
Diese Taktik lässt sich an den Mann oder die Frau bringen, indem man betont, dass schlechte Gewohnheiten sehr tief verwurzelt und daher schwierig zu verlernen oder noch schwieriger durch neue, gesündere Gewohnheiten zu ersetzen seien. Weil gerade diese Aussage so viel Wahres enthält, ist es unaufrichtig, den Patienten lange hinzuhalten.

Alternative: *Wenn in der ersten Therapiestunde keine spürbare oder sichtbare Veränderung auftritt, wird die Chance, dass später noch Veränderungen auftreten, immer geringer.*
Sowohl die Motivation des Patienten als auch die Effizienz des Therapeuten zeigen sich beim ersten Kontakt. Und wenn nicht,

dann ist es zwecklos, an einem toten Pferd herumzuzerren oder als Therapeut so zu tun, als hätte es doch Sinn. Dennoch zeigt es sich immer wieder, dass gravierende Veränderungen ziemlich »plötzlich« auftreten können. Das ist nur logisch, denn Menschen können ja auch ihren gesamten Lebensstil mit einem Schlag ändern, wenn sie den Jackpot knacken oder sich verlieben.

Taktik 3: *Der Therapeut muss den Patienten erst gründlich kennen lernen, bevor er dessen Problem zuverlässig analysieren kann.*
Diese Taktik lässt sich rechtfertigen, indem man plausibel macht, jeder Mensch sei einzigartig und komplex. Weil die Patienten das gern hören, werden sie bereitwillig mitmachen und ihre Vielschichtigkeit in langen Sitzungen darlegen. Im Grunde genommen legt der Therapeut damit aber das gleiche Verdrängungsverhalten an den Tag wie der Patient.

Alternative: *Der Therapeut muss nur das Problem kennen.*
Da jedes menschliche Problem – auch wenn es persönlich ist – universelle Merkmale hat, können Patient und Therapeut gleich loslegen. Indem der Therapeut keinerlei Abschweifungen zulässt, zwingt er den Patienten, selbst aktiv zu werden. Und wenn Letzterer weiterhin Sabotage betreibt, gibt der Therapeut ihm selbst die Verantwortung dafür. In diesem Fall ist schnell klar, dass der Patient eigentlich nicht will.

Taktik 4: *Zuerst muss ein Vertrauensverhältnis aufgebaut werden.*
Diese Verzögerungsmasche zieht immer, weil niemand sofort alles von sich preisgibt. Und der Therapeut zeigt hierfür Verständnis, indem er sagt, echtes, tief empfundenes gegenseitiges Vertrauen müsse nun einmal langsam wachsen. Zudem behauptet mancher Therapeut, allein schon die Vertrauensbeziehung könne heilend wirken, und für viele Patienten klingt das nicht nur plausibel, sondern es stimmt auch. Das heißt aber nicht, dass alles Gute sich nur langsam entwickelt.

Alternative: *Vertrauen ist gut, Kontrolle ist besser.*
Auch ohne ausgesprochenes gegenseitiges Vertrauen können Menschen zusammenarbeiten. Nehmen wir den Straßenverkehr: Da bitten Sie auch nicht jeden Rad- oder Autofahrer, auf Sie Rücksicht zu nehmen – Sie gehen einfach davon aus. Trotzdem ist es besser, auf das Gegenüber zu achten, denn sagen und tun sind zweierlei. Das gilt auch für den Kontakt zwischen Therapeut und Patient. Und wenn der Patient seine Vorbehalte hat, darf der Therapeut auch welche haben.

Taktik 5: *Widerstände sind dazu da, überwunden zu werden.*
Diese Strategie funktioniert, indem der Therapeut behauptet, der mangelnde Fortschritt sei durch Widerstände des Patienten zu erklären. Die in diesem Zusammenhang am häufigsten gestellte Frage lautet: »Was hält Sie davon ab zu…?«, um anschließend ausführlich auf die Antwort einzugehen. Und weil Menschen naturgemäß immer einen inneren Widerstand gegen Veränderung haben, zieht diese Masche auch immer. Auf

diese Weise bekommt der Patient vom Therapeuten zwar viel Verständnis, aber es verändert sich nichts.

Alternative: *Widerstände muss man respektieren.*
Diese Taktik ist praktisch und wirkungsvoll, wenn man den Patienten aus der Reserve locken will. Am besten geht das mit Bemerkungen wie »Lösungen schaffen immer wieder neue Probleme« – so findet man heraus, ob der Patient wirklich zu einer Veränderung bereit ist. Ist das nicht der Fall, dann zeigt es sich auf diese Weise sehr schnell.

Taktik 6: *Eine Therapie ist eine unvorhersagbare Suche.*
Diese Masche wirkt hervorragend, wenn der Therapeut klar machen kann, dass vom Konzert des Lebens niemand ein Programm hat. Das wird von Patienten oft so interpretiert, dass sie sich an nichts zu halten brauchen, und in der Praxis heißt das: Sie können zu allem ihr Herz ausschütten. Im Grunde genommen ist es aber der Therapeut, der sich damit einen Freibrief ausstellt, endlos im Nichts herumzuschwimmen.

Alternative: *Nicht die Therapie, sondern der Therapeut ist effektiv.*
Gleich am Ende der ersten Sitzung frage ich meine Patienten, ob sie mich für effektiv halten. Wenn ja, dann geht die Therapie in diesem Sinn weiter. Wenn nicht, dann werfe ich sofort das Handtuch. Diese Vorgehensweise ist wichtig, denn so relativiert der Therapeut die eigene Macht und den eigenen Einfluss. Es ist eine feine Sache, effektiv zu sein, aber das heißt nicht, dass es immer gelingt.

Taktik 7: *Du bekommst, was du gibst.*
Diese Taktik greift, wenn der Therapeut den Patienten davon überzeugen kann, dass Beziehungen nach dem Prinzip »Geben ist seliger denn Nehmen« funktionieren. Und in diesem Fall bestimmt der Therapeut, was »Geben« bedeutet. Kommt der Patient damit nicht weiter, kann der Therapeut immer noch sagen: »Sie haben eben noch nicht genug gegeben.«

Alternative: *Du bekommst, was ich gebe.*
Ungeachtet der Einstellung, des Inputs oder der Motivation des Patienten, schöpft der Therapeut all seine Möglichkeiten aus. So hat er Freude an seiner Arbeit, ohne dass dies den Patienten zu einer Veränderung verpflichtet: Er darf, muss aber nicht. Diese Botschaft vermittelt der Therapeut ihm, indem er sagt: »Ich habe Spaß an meiner Arbeit/an meinem Leben, wie steht's mit Ihnen?« Damit wirft er, so paradox das klingen mag, dem Patienten dessen eventuellen Mangel an Veränderung nicht vor, sondern registriert ihn als Tatsache.

Gute Psychotherapie kann schnell und effektiv sein. Das mag etwas phantastisch klingen, ist es aber nicht. Schließlich können sich Menschen auch vom einen auf den anderen Moment verändern, etwa, weil ihr Partner stirbt, weil ihre Firma Konkurs macht oder in ihrem Land ein Krieg ausbricht. Dass Veränderungsprozesse dennoch oft mühsam verlaufen, sagt daher mehr über die Qualität des Therapeuten aus als über die Willenskraft des Patienten. Und wenn der Patient tatsächlich der »Bremser« sein sollte, lässt sich das rasch feststellen.

Wut muss man rauslassen, und Schuldgefühle sind überflüssig

Entsprechend der geltenden psychologischen Norm soll man Wut rauslassen und Schuldgefühle über Bord werfen. Beide Ratschläge sind nicht nur unsinnig, sondern auch gefährlich. Ich fange mit der ersten Aussage an. Indem der Patient seine Wut zulässt und äußert, soll er – so die dahinterstehende Vorstellung – seine negativen Gefühle loswerden, nach dem Motto: »Weg damit!« Fachkollegen sprechen in diesem Zusammenhang auch von »Entladung« oder »Katharsis«, einer Form der inneren Reinigung durch die Abfuhr psychischer Giftstoffe. An sich eine durchaus ansprechende Überlegung. Wie so vieles in der Psychologie hat auch diese Sichtweise ihren Ursprung in Freuds Psychoanalyse: Die Katharsis wurde als befreiende Handlung gesehen, bei der die Seele gereinigt wird und der Patient zu einer neuen emotionalen Erkenntnis gelangt, etwa: »Aha, ich bin mit meinem Partner unglücklich, aber unbewusst bin ich einfach nur wütend auf meinen Vater; ich projiziere meine Unzufriedenheit also auf die falsche Person.«

Freud'sche Deutungen dieser Art haben oft einen wahren Kern (welche Deutung nicht, nebenbei gesagt), aber meist sind sie ziemlich weit hergeholt. Und falls sie doch zutreffen – wohin dann mit der neu entdeckten Wut? Soll der Patient sie dem Therapeuten hinschleudern? Soll er in den Kampf gegen den Feind ziehen oder Farbtöpfe an die Wand schmeißen und das Ganze hinterher als modernes Kunstwerk verkaufen? Und ist er damit die negativen Gefühle auch wirklich los? In Wirklichkeit läuft es genau umgekehrt: Lässt man die Wut raus, dann verstärkt sie sich noch, und somit erhöht sich die Wahrscheinlichkeit, dass die negativen Gefühle bleiben. Wer es schon einmal erlebt hat, wird es aus eigener Erfahrung bestätigen können: Je mehr man sich aufregt, desto mehr wird die Wut angefacht und eskaliert womöglich im Streit; das eine Wort gibt das andere, und bevor man sich's versieht, fühlen sich beide Parteien zutiefst verletzt.

Dennoch halte ich es für einen Ausdruck von Lebenskunst, in der richtigen Situation, im richtigen Moment der richtigen Person gegenüber wütend zu werden. Damit will ich sagen, dass es manchmal einfach notwendig ist, sich zu verteidigen, indem man zum Angriff übergeht. Hat diese Strategie Erfolg,

und akzeptiert der »Feind« Ihre Grenzen, dann stellt sich ein Gefühl der Genugtuung ein. Hat sie keinen Erfolg und verhält sich der »Feind« weiterhin aufdringlich, dann suchen viele darin Genugtuung, dass sie dem anderen schließlich so richtig gezeigt haben, dass er sie nicht für dumm verkaufen kann. Ein schwacher Trost.

Im Allgemeinen ist es nicht sehr konstruktiv, Wut zu äußern. Psychologen plädieren allerdings immer wieder für eine »gesunde Aggression«. Damit ist nicht die Fähigkeit gemeint, wütend zu werden, sondern das Vermögen des Menschen, Mut zu zeigen, Risiken einzugehen, auf andere zuzugehen und sein Leben selbstbewusst zu gestalten. Nein, wenn Patienten über ihren Ärger reden oder lernen wollen, ihre Wut rauszulassen, dann versuche ich das im Keim zu ersticken und sie abzulenken. Oder ich mache Bemerkungen wie: »Haben Sie nichts Besseres zu tun als sich aufzuregen?«, »Mann, ist ja toll,

dass Sie Ihr Leben dem Kampf gegen das Unrecht weihen wollen!« oder »Sie sind ein echter Spätzünder – die meisten haben ihre Wutanfälle mit sechs Jahren.« Mit provokativen Reaktionen dieser Art will ich mich nicht etwa über den Patienten lustig machen; sie resultieren aus der wissenschaftlich bewiesenen Tatsache, dass sich negative Gefühle wie Kummer, Wut oder Ohnmacht nur verstärken, wenn man ihnen zu viel Aufmerksamkeit schenkt. Und genau das soll ja nicht passieren. Offenbar ähnelt der menschliche Geist in gewisser Weise doch einem Computer: Ruft man ein anderes Programm auf und verfrachtet das Elend in den Papierkorb, kommt der Nutzer wieder gut zurecht.

Zum Mainstream-Denken gehört auch, Schuldgefühle als überflüssig abzutun. Diese Einstellung hat ihren Ursprung in den 60er-Jahren des 20. Jahrhunderts und war eine Reaktion auf die bürgerliche, christliche und konservative Moral. Damals war es verboten, am Sonntag zu schwimmen, und auf der Straße essen und Sex vor der Ehe waren tabu. Man hatte das Bedürfnis, sich aus dem Korsett von Verhaltensregeln, die einem vorschrieben, »was sich gehört«, zu befreien. In jenen Jahren kam erstmals das Thema Selbstsicherheit auf; das Buch *Sag Nein ohne Skrupel* von Manuel Smith wurde zum Bestseller. Therapeuten eilten ihrer Kundschaft zu Hilfe, indem sie predigten, der Motor des Gewissens dürfe ruhig etwas niedriger drehen. Das kam – verständlicherweise – gut an.

Heute aber, 35 Jahre später, sind wir beim Bemänteln von Schuldgefühlen übers Ziel hinausgeschossen. Nicht wenige Menschen halten Schuldgefühle sogar für ein Anzeichen von seelischer Abnormität. Und die professionellen Therapeuten spielen hierbei nach wie vor eine verhängnisvolle Rolle. Es ist nämlich eine Tatsache, dass jemand, der Schuld empfindet, sich in den meisten Fällen tatsächlich etwas hat zuschulden kommen lassen. In meiner Praxis führe ich oft ein einfaches Beispiel an: Wer sein Konto überzieht, hat eine Schuld, die abzutragen ist. Für Beziehungen gilt das Gleiche: Wenn Sie jemanden beschimpfen, beleidigen, verletzen oder ihm auf andere Weise Unrecht tun, dann schulden Sie ihm etwas, weil Sie Schuld haben.

So erzählte mir neulich ein Patient ausführlich von seinen heimlichen Besuchen bei Prostituierten. Er hatte inzwischen damit aufgehört, empfand aber Schuldgefühle, weil er seine Lebenspartnerin hintergangen hatte. Ich sagte zu ihm: »Die Schuldgefühle haben Sie zu Recht.« Er wandte ein: »Aber was habe ich davon, dass ich mich jetzt mit Schuldgefühlen rumquäle?«, woraufhin ich antwortete: »Solange Sie Schuldgefühle haben, besteht immerhin die Hoffnung, dass Sie in Zukunft aufrichtiger sind und sich hüten, Ihre Partnerin erneut zu betrügen.« Lachend meinte er: »Ich soll also froh sein über meine Schuldgefühle?« Ich entgegnete, ebenfalls lachend: »Ja, und zwar nicht nur froh, sondern auch dankbar, dass Ihr Gewissen noch halbwegs funktioniert.«

In den 60er-Jahren wollte man sich unbedingt von der christlichen Moral lösen, was eine wahre Kirchenflucht zur Folge hatte. Heute wiederum suchen die Menschen einen neuen Halt und haben den Psychologen zum modernen Beichtvater erkoren. Statt beim Priester um Vergebung der täglichen Sünden zu bitten, laufen sie heute zum Therapeuten und hoffen auf tröstliche Worte. Wenn man so will, haben die Psychologen die Marktlücke genutzt, die durch den Niedergang der Kirchen entstanden ist. Ich persönlich habe kein Problem damit, Stellung zu beziehen, wenn es um den Kampf zwischen Gut und Böse geht. Indem ich eigentlich fortwährend den Anwalt des Teufels spiele, gelingt es mir recht gut, das Böse im Menschen zu vertreiben – oder zumindest ein gewisses Bewusstsein dafür zu erzeugen.

Es kommt immer wieder vor, dass Patienten mir ganz direkte Fragen stellen, wie: »Was sagen Sie eigentlich dazu, dass ich mit dem Arbeiten aufgehört habe, um studieren zu können, und dass ich jetzt Schuldgefühle habe, weil meine Frau dadurch mehr arbeiten muss?« Meine Antwort lautet: »Ihre Schuldgefühle sind absolut gerechtfertigt, und ich gehe davon aus, dass Sie es Ihrer Frau später angemessen vergelten, was sie jetzt in Sie investiert. Ich hoffe auch, Sie zeigen ihr öfter mal Ihre Dankbarkeit.« Oder wenn eine Patientin fragt: »Was sagen Sie eigentlich dazu, dass ich nach der Scheidung von meinem Ex so schnell wieder geheiratet habe?«, dann antworte ich: »Ich bin froh, dass ich nicht Ihr Kind bin. Dann müsste ich nämlich auch noch nett zu Ihrem neuen Liebsten sein und so tun, als wäre ich froh, dass Sie wieder glücklich sind, und dabei ist doch unsere Familie zerbrochen.«

Wie bereits in dem Kapitel »Du brauchst dich nicht schlecht zu fühlen« (Seite 34) erwähnt, haben schlechte Gefühle ihren guten Grund; Gleiches gilt für Schuldgefühle. Selbst in dem häufig vorkommenden Fall, dass ein geliebter Mensch gestorben ist und die Hinterbliebenen sich mit Schuldgefühlen quälen und sich Fragen stellen wie: »Habe ich denn auch genug Liebe gegeben/Aufmerksamkeit gezeigt/Verständnis gehabt?«, selbst dann sind Schuldgefühle nützlich, weil sie den Betreffenden vielleicht wachrütteln, sodass er bei anderen wichtigen Beziehungen achtsamer ist. Sollten Sie jetzt immer noch der Meinung sein, Selbstsicherheit ohne Schuldgefühle sei besser, dann lesen Sie das nächste Kapitel.

Selbstsicherheit ist alles

»Selbstsicherheit« ist ein Sammelbegriff, unter den Verhaltensweisen fallen wie: für die eigenen Rechte eintreten; sagen, was man denkt; seine Gefühle zeigen; sich trauen »nein« zu sagen; gern Komplimente machen; die Initiative ergreifen; anderen ins Wort fallen; große Auftritte lieben; sich gut ausdrücken können oder Mut an den Tag legen und auf Dinge und Personen zugehen. Die Psychologen und Therapeuten widmen diesem Phänomen große Aufmerksamkeit. Wer will schließlich nicht selbstsicher durchs Leben gehen, seinen Alltag im Griff haben und im Umgang mit anderen frei und offen sein? In meiner Praxis versuche ich, Patienten so zu provozieren, dass sie Selbstsicherheit zeigen, weil sie sich dann »normaler« fühlen. Oder anders ausgedrückt: Wer im Umgang mit anderen Angst hat und sich von ihnen die Butter vom Brot nehmen lässt, der hat in der Regel Probleme mit sich selbst.

Das Erlernen von selbstsicherem Verhalten kann deshalb zum seelischen Wohlbefinden beitragen, allerdings propagieren Psychologen Selbstsicherheit als wahres Wundermittel gegen jegliches Leiden. Angeblich hilft es bei Grübeln, zwanghaftem Verhalten, den verschiedensten Phobien, schlaflosen Nächten, schlechten Beziehungen und massiven Selbstzweifeln. Therapeuten machen außerdem den entscheidenden Fehler, ihren Patienten zu vermitteln, selbstsicheres Verhalten sei grundsätzlich besser als Bescheidenheit, Mäßigkeit, Vermeidung, Schweigsamkeit oder jedes andere zurückhaltende Verhalten. Das ist nicht nur schlecht, sondern auch irreführend. Schlecht ist es, weil die »Ellbogenmentalität« als höchstes Gut gepriesen wird, und irreführend, weil man auch ohne ausgesprochen selbstsicher zu sein, eine starke Persönlichkeit entwickeln kann.

Auffallend ist übrigens, wie stark das Selbstsicherheitsdenken das gesellschaftliche Leben prägt. Jeder hat zu allem eine Meinung, Emotionen werden in Radio und Fernsehen öffentlich zur Schau gestellt, und jemandem ins Wort zu fallen gilt nicht mehr als unhöflich. Neulich habe ich mich selbst dabei ertappt, dass es mir komisch vorkam, zu einer hilfsbereiten Frau »Das ist lieb von Ihnen!« zu sagen, weil ich im ersten Moment dachte, sie könnte es vielleicht nicht als Kompliment verstehen. Selbstsicher sein ist »in«, und hilfsbereit war man früher bei den Pfadfindern. Dass es so weit kommen konnte, ist einem ganzen Heer von Therapeuten zu verdanken.

Deshalb bitte ich Sie in aller Bescheidenheit, dahinter ein großes Fragezeichen zu setzen. Warum? Weil Liebenswürdigkeit auch eine Form von Selbstsicherheit sein kann; schließlich geht es vor allem darum, dass die eigene Persönlichkeit zu ihrem Recht kommt – und es führen nun einmal viele Wege nach Rom.

Betrachten wir einmal Karls Fall. Er kommt im meine Praxis und klagt über die Art und Weise, wie seine Kollegen mit ihm umgehen: »Immer kriege ich die miesesten Jobs angehängt, weil ich mich nicht traue, mich zu wehren. Abends zu Hause packt mich dann die Wut, aber im Grunde genommen bin ich auf mich selbst wütend, weil ich so ein Schlappschwanz bin.« Nach mehreren Sitzungen wird deutlich, dass Karl Farbe bekennen sollte: »Es gibt schon so wenige Engel auf dieser Welt«, sage ich zu ihm, »da wäre es doch jammerschade, wenn Sie auch noch ins Lager des Teufels überlaufen würden.« Karl ist erstaunt, dass ich ihn in die Gegenrichtung lenke, aber nachgiebig, wie er nun einmal ist, lässt er sich darauf ein, und überlegt sogar, wie er im Umgang mit seinen Kollegen noch freundlicher und entgegenkommender sein könnte.

Was ich erwartet habe, tritt ein: Karl fühlt sich besser, er wirkt geradliniger und selbstsicherer und legt im Umgang mit seinen Kollegen so viel herzliche Großzügigkeit an den Tag, dass sie ihn zwar noch genauso oft wie früher vor ihren Karren spannen, aber immer öfter von selbst auch mal eine

Gegenleistung erbringen. Als Karl sich über dieses Resultat wundert, sage ich: »Ach, die Leute nutzen einen gerne aus, aber wenn man konsequent freundlich bleibt, dann kriegen die meisten nach einer Weile ein schlechtes Gewissen und revanchieren sich. Noch wichtiger aber ist, dass Sie wieder Freude an Ihrem eigenen Umgangsstil gefunden haben.«

»Selbstsicheres« Denken und Handeln ist stark männlich geprägt. Selbstsichere Menschen sind proaktiv und direktiv, stellen sich Konfrontationen, reden gern über sich selbst, zeigen sich unbeugsam, frech und kraftvoll, und sie ergreifen gern die Initiative. Es ist nicht so, dass Frauen diese Eigenschaften nicht besitzen würden oder sie sich nicht antrainieren könnten; in der Praxis allerdings erweist sich der typisch weibliche Umgangsstil zwar als anders, aber ebenso effektiv, wenn nicht gar effektiver als die propagierte »Selbstsicherheit«. Neulich

sprach ich mit einer Freundin, die als Krankenschwester arbeitet. Auf ihrer Station war ein Mann in Wut geraten, als er hörte, dass seiner Frau eine Brustamputation bevorstand. Als ich sie fragte, wie sie den Mann beruhigt habe, meinte sie: »Ich hab ihm zugezwinkert, ihn am Arm genommen und ihn gefragt, ob er eine Tasse Kaffee mit mir trinken geht.«

Frauen haben die besondere Gabe, Konflikte und andere Beziehungsprobleme auf indirekte, sanftmütige und liebenswürdige Weise, oder indem sie ablenken, zu lösen. In diesem Zusammenhang fällt auch auf, dass die natürliche, instinktive Aggression von Männern sich legt, wenn Frauen in der Nähe sind. Offenbar können Frauen allein durch ihre Gegenwart Männer in ihrer Neigung, mit Protest oder Wut zu reagieren, bezähmen. So gesehen ließe sich das Problem aggressiver Ausschreitungen bei Fußballspielen leicht lösen: Man verweigert Männern, die nicht in Begleitung ihrer Mutter, Freundin oder Frau sind, einfach den Zugang zum Stadion. Wie auch immer – Selbstsicherheit zu erlangen ist ein wichtiges Ziel, aber sie ist ganz sicher nicht wichtiger als andere Kontaktstile.

Ein besonderer Kontaktstil, auf den ich in diesem Zusammenhang eingehen möchte, ist der provokative Stil, gekennzeichnet durch eine willkürlich erscheinende Mischung aus Humor, Herausforderung und Verständnis. Er eignet sich hervorragend dazu, schwierige Menschen ins Leere laufen zu lassen, ohne dass es zu irgendeiner Form von Konfrontation oder zu verbalen Entgleisungen kommt. Ein Beispiel: Mein Cousin Harry kommt zu Besuch und fängt an zu nerven, von wegen, ich würde zu viel arbeiten und zu wenig Sport treiben, und ich nähme mir nicht einmal genug Zeit, Ferien zu machen. Statt zu protestieren und meinen Lebensstil zu verteidigen oder ihn freundlich, aber selbstbewusst zu ersuchen, sich lieber um seinen eigenen Kram zu kümmern, sage ich lachend: »Mein lieber Harry, du hast vollkommen Recht. Ich bin wohl tatsächlich dabei, mich körperlich und seelisch zu Grunde zu richten, aber ich hoffe doch, du hast so viel für mich übrig, dass du bei meiner Beerdigung eine schöne Rede hältst.« Harry guckt irritiert und sagt: »Ach, du nimmst mich ja überhaupt nicht ernst!«, worauf ich erneut lache und sage: »Aber natürlich, du hast einfach immer so was von Recht, wenn du mich kritisierst, dass mir einfach kein Gegenargument mehr einfällt.« Harry wechselt das Thema, und der weitere Kontakt verläuft höflich und freundlich.

Ein anderer Kontaktstil – gewissermaßen der Gegenpol zur Selbstsicherheit – ist die Vermeidung. Es gibt genug Menschen und Situationen, die so unangenehm sind, dass es sich lohnt, einen großen Bogen um sie zu machen. Gute Beispiele dafür sind aggressive Leute, Geburtstagsfeiern, brechend volle Empfänge und Kneipen, Jammerlappen und lärmige Nachbarn. Dass der Selbstsicherheitsgedanke so stark propagiert wird, hat dazu geführt, dass die meisten Menschen es als Zeichen von Schwäche sehen, solchen Situationen aus dem Weg zu gehen. Zu Unrecht denken sie, es wäre ein Zeichen von Mut, »durch die Angst hindurchzugehen« oder »die Konfrontation zu suchen«.

Patienten, die mit solchen Problemen in meine Sprechstunde kommen, ermutige ich, sich unangenehmen Situationen ruhig weiter zu entziehen, und ich betone, dass es jedermanns Recht ist, schwierige Menschen oder Situationen aus seinem täglichen Pensum an Verpflichtungen zu streichen. Vergleichen lässt sich dieses Verhalten mit Bewegungen, die für Boxer ganz selbstverständlich sind: Statt immer und überall zum Angriff überzugehen, weichen sie den Schlägen des Gegners taktisch aus. Sich der Situation ganz entziehen, sprich davonlaufen, kann ebenfalls gut für die Gesundheit sein, wenn Sie wissen, was ich meine. Selbstsicherheit ist nicht die beste, sondern eine von vielen Arten, in Einklang mit sich durchs Leben zu gehen.

Mein Therapeut ist ein Papagei

Psychologen und ihre Kollegen machen gute Geschäfte mit dem Verkauf von Verständnis. Menschen mit den verschiedensten Lebensproblemen finden bei hoch bezahlten professionellen Zuhörern – anders als in ihrer Umgebung – ein offenes Ohr, Geduld, Anteilnahme, Mitleid, interessierte Fragen, emotionale Unterstützung und seelischen Beistand. Der Amerikaner Carl Rogers hat ganze Bücher über den heilsamen Effekt von Empathie im therapeutischen Kontakt geschrieben. Seiner Ansicht nach haben Patienten die natürliche Fähigkeit zu persönlichem Wachstum, wenn der Therapeut die richtigen Bedingungen dafür schafft. Und diese Bedingungen sind: Wahrhaftigkeit, Mitgefühl und vorurteilslose Akzeptanz. Rogers' Arbeitsweise wurde international als großer Durchbruch gewürdigt und ist unter dem Namen »non-direktive Therapie« bekannt. Was er sich in den 50er- und 60er-Jahren an Gesprächstechniken hat einfallen lassen, ist im psychosozialen Bereich Gemeingut geworden. Und auch Verkaufstrainings und Bewerbungsworkshops strotzen vor Rogers'schen Methoden.

Echtes Zuhören ist zweifellos ein besonders probates Mittel, andere zum Reden zu bringen, sie dazu zu veranlassen, ihre persönlichsten Geheimnisse preiszugeben, und sie zugleich mit ihren eigenen Gedanken und Gefühlen zu konfrontieren. Aber es ist auch eine Tatsache, dass viele Therapeuten es mit dem verständnisvollen Zuhören übertreiben. Mancher Patient muss nach mehreren Sitzungen feststellen: »Mein Therapeut ist ein echter Papagei; er wiederholt immer nur das, was ich schon gesagt habe.« Solche Klagen werden völlig zu

Recht geäußert, denn von gutem Kontakt kann dabei nicht die Rede sein, weil der Therapeut sich hinter einer Mauer aus gespieltem Interesse verschanzt. Ich möchte hinzufügen, dass ich es absolut nicht befürworte, dass Therapeuten in der Sitzung ihr eigenes Seelenleben offenbaren. Schließlich geht es darum, dem Patient zu helfen, und nicht, ihn mit den persönlichen Befindlichkeiten des Therapeuten zu belasten.

Andererseits zahlt der Patient oder die Krankenkasse aber auch dafür, dass er mehr zu hören bekommt als nur das »Echo« seiner eigenen inneren Stimme. Denn genau die hat ihn ja in seine problematische Situation gebracht. Aus diesem Grund bekommt der Patient mehr für sein Geld, wenn er vom Therapeuten provoziert und mit Aussagen konfrontiert wird, die so anders, wahnwitzig, absurd oder widersprüchlich sind, dass er zum Nachdenken gezwungen wird und – wenn es gut läuft – seine eigenen destruktiven Denkgewohnheiten aufgibt. Nein, nur Verständnis zeigen ist ein billiger Trost und trägt selten zu einer wesentlichen Veränderung bei. Viele Patienten wollen eigentlich gar keine Veränderung; sie sind mit etwas emotionaler Unterstützung zufrieden und genießen die Aufmerksamkeit, die ihnen sonst abgeht. Aber mit dieser Feststellung ist das Thema noch längst nicht erschöpfend behandelt.

Es spricht nämlich noch etwas ganz Wesentliches dagegen, dass der Therapeut immer Verständnis zeigt: Indem er bloß fortwährend nickt und ein zustimmendes Brummen hören lässt, verhält er sich vollkommen passiv und bestätigt den Patienten explizit wie auch implizit in dem, was er sagt, und zwar schon zu Beginn, wenn der Patient sein Problem gerade mal formuliert hat.

Ich gebe Ihnen ein Beispiel. Angenommen, der Patient fängt so an: »Mein Problem ist, dass es mir sehr schwer fällt, meine Gefühle zu äußern«, und der Therapeut antwortet darauf sehr verständnisvoll: »Hmmm, das macht Ihnen wohl zu schaffen, aber wie meinen Sie das genau?« Mit dieser Reaktion bestätigt er, dass tatsächlich ein Problem vorliegt. In meinen Augen ist das therapeutisch unüberlegt. Denn ein Problem ist nicht grundsätzlich ein Problem, nur weil der Patient es so nennt. Warum nicht? Aus verschiedenen Gründen: Zum einen kann es sein, dass der Patient einen Versuchsballon steigen lässt, um herauszufinden, wie gutgläubig oder kritisch der Therapeut ist. Zudem kommt es vor, dass Patienten schlicht und ergreifend dem Therapeuten anfangs aus Angst oder Scham eine Lüge auftischen, um erst viel später mit dem, was ihnen wirklich zu schaffen macht, herauszurücken. Vorstellbar ist auch, dass der Patient sich nicht richtig ausdrückt und die »Unfähigkeit, Gefühle zu äußern« einfach bedeutet, dass er bei Krächen mit seiner Frau immer den Kürzeren zieht. Es könnte auch sein, dass es sich um eine Erklärung handelt, die der Patient sich selbst dafür, dass er in eine unangenehme Situation geraten ist, zurechtgelegt hat (»Mein Chef hat mir gekündigt, weil ich nicht selbstsicher genug bin.«).

Es kommt auch häufig vor, dass Patienten etwas als Problem bezeichnen, was sich bei näherer Betrachtung als großer Vorteil erweist. (Schweigsame Männer werden von Frauen beispielsweise als sehr männlich empfunden.) Wie auch immer – es ist falsch, dem Patienten grundsätzlich ein Übermaß an Verständnis entgegenzubringen. Ich fordere stattdessen den Patienten heraus, mir sein »Problem« als echtes Problem zu verkaufen:

P(atient): »Mein Problem ist, dass ich meine Gefühle nicht äußern kann.«

T(herapeut): *»Aber das ist doch gut; Frauen stehen auf schweigsame Männer.«*

P.: »Ja, ich weiß… über mangelndes Interesse von Frauen kann ich wirklich nicht klagen, aber ich möchte auch mal sagen können, was ich denke.«

T.: *»Meinen Sie denn, Ihre Gedanken seien es wert, sie anderen mitzuteilen?«*

P.: »Das weiß ich nicht, ich probiere es ja nicht mal.«

T.: *»Denken Sie denn überhaupt etwas, das Sie selbst für relevant halten?«*

P.: »Tja, das ist auch so ein Problem… die meisten meiner Gedanken finde ich selbst nicht so wichtig.«

T.: *»Warum sollten Sie darin Unrecht haben?«*

P.: »Sie meinen also, meine Gedanken wären nicht interessant?«

T.: *»Genau! Und dann ist es doch besser, Sie belästigen Ihre Umgebung nicht damit. Es gibt eh schon genug vermeintlich selbstsichere Leute, die eine sinnlose Phrase nach der anderen von sich geben. Weshalb also Sie auch noch? Darum reißt sich doch keiner.«*

P.: »Hmmm, so habe ich das noch nie gesehen; Sie meinen also, stille Menschen hätten auch ihre Qualitäten?«

T.: *»Das habe ich nicht gesagt, aber einfach nur zusammenhanglose Phrasen zu dreschen, so was begeistert mich nicht gerade.«*

P.: »Tja, trotzdem bin ich manchmal neidisch auf spontane, schlagfertige Leute.«

T.: *»Das kann ich mir gut vorstellen, aber dazu bedarf es eines gewissen Talents, genau wie zum guten Zuhören. Können Sie denn gut zuhören?«*

P.: »Jedenfalls besser als reden.«

T.: *»Na, das ist doch schon mal was.«*

Uneingeschränktes Verständnis zu zeigen, ist aber nicht nur zu Beginn des therapeutischen Kontakts problematisch. Auch in späteren Stadien läuft man als ewig nickender Therapeut Gefahr, dass die Patienten sich in ihren Wahnideen bestätigt fühlen, zumal sie die Neigung haben, sich ihre Geschichte so zurechtzustricken, wie es ihnen am besten passt.

So auch Fritz: Er kann sich nur schwer von seiner Exfreundin lösen und bittet mich um Unterstützung beim »Beschleunigen des Verarbeitungsprozesses«. Wenn ich nun Verständnis für seinen »inneren Kampf« zeige, lasse ich mich nicht nur auf die von ihm benannte Verarbeitungsproblematik ein, ich helfe ihm auch nicht, seine Zerrissenheit zwischen seinem Wunsch, mit seiner Ex befreundet zu bleiben und dem Wunsch, offen für eine neue Beziehung zu sein, zu überwinden. Indem ich ihn provoziere, geht die Sache dagegen ganz anders aus:

P(atient): »Ich verstehe nicht, warum meine Ex keine freundschaftliche Beziehung zu mir will.«

T(herapeut): *»Offenbar genießt sie es, den Spieß mal herumzudrehen.«*

P.: »Sie meinen, als eine Art Rache?«

T.: *»Sie hat die Beziehung doch wohl nicht grundlos beendet?«*

P.: »Nein, das nicht, aber …«

T.: »*Sie haben sie offenbar als zu selbstverständlich hingenommen, oder?*«

P.: »Das sagt sie jedenfalls.«

T.: »*Dann seien Sie sicher, dass es auch so ist. Jetzt bekommen Sie eben mal zu spüren, wie es ist, respektlos behandelt zu werden. Es wundert mich nicht, dass Sie sich nicht von ihr lösen können.*«

P.: »Warum?«

T.: »*Weil Sie es nicht ertragen können, dass sie jetzt die Richtung bestimmt.*«

P.: »Ja, das stimmt schon.«

T.: »*Ich schätze mal, Sie laufen ihr so lange nach, bis sie wieder macht, was Sie wollen.*«

P.: »Da gebe ich mir im Moment kaum Chancen.«

T.: »*Hmmm, also hat sie doch was von Ihnen gelernt.*«

Wie gesagt, dürften die meisten traditionell arbeitenden Psychologen volle Praxen haben, weil die Patienten bei ihnen das offene Ohr finden, das sie bei Familienangehörigen, Freunden und Kollegen vergeblich suchen. So gesehen ist das Sprechzimmer des Therapeuten ein sicherer Hafen für den Patienten, in dem er sich – wenn auch nur für kurze Zeit – von der kritischen und fordernden Außenwelt abschotten und sich seelisch ausruhen kann. Und ich betone nochmals: Ich gönne es jedem, dass er sich in der Wärme, die der verständnisvolle Therapeut ausstrahlt, sonnt und aalt. Aber es ist falsch zu glauben, Verständnis *allein* könne etwas an den Problemen des Patienten ändern. Sie lassen sich nur lösen, wenn der Therapeut so herausfordernd ist wie das Leben selbst.

Strafen bringen nichts

Was macht man, wenn ein Kind unartig ist? Ein Fernsehverbot verhängen, es nicht draußen spielen lassen oder das Eis nach dem Essen streichen? Oder ist es besser, das Kind zu ermahnen, ihm zu erklären, warum sein Verhalten nicht in Ordnung ist, oder in aller Ruhe mit ihm zu sprechen um herauszufinden, warum es sich so verhalten hat? Sie haben die Wahl. Tatsache ist aber, dass sich die Psychologen in den letzten Jahrzehnten gegen das Bestrafen von Kindern ausgesprochen haben, und zwar mit dem Argument, dass es nichts helfe. In gewissem Sinn haben sie Recht: Kinder sind nun einmal immer wieder unartig, und die verschiedenen Strafen, die sie auferlegt bekommen, beeindrucken sie nicht sonderlich. Naschzeug, aus dem Küchenschrank stibitzt, schmeckt eben besser als Naschzeug, das man geschenkt bekommt, und Klingelmännchen spielen ist nur deshalb so spannend, *weil* man es nicht darf. Aber Psychologen möchten Erfolg haben, Geld verdienen und sich einen Namen machen; deshalb versuchen sie zu beweisen, dass Erziehung auch ohne Strafen funktioniert.

Vor allem in den letzten Jahrzehnten des 20. Jahrhunderts ist man übers Ziel hinausgeschossen, was den Umgang von Eltern mit ihren Kindern angeht. Eltern bekommen den Rat, mit ihren Kindern »unbedingt im Gespräch zu bleiben«, mit gutem Beispiel voranzugehen und den Sprösslingen mit überzeugenden Argumenten klar zu machen, was gut für sie ist. Kinder finden das nervig, aber immerhin besser als eine Tracht Prügel. Schließlich tut Reden nicht weh, und die Aussicht auf ein weiteres Gespräch schreckt nicht gerade ab. Damit haben die Psychologen jedoch nicht erreicht, dass die neue Generation von Kindern weniger ungehorsam ist. Im Gegenteil, sie sind frecher und wissen sich besser zu behaupten denn je. Ein Vorteil dieser Art von Erziehung ist, dass der Kontakt zwischen Eltern und Kindern lebendiger und intensiver ist als früher. Aber Reden ist auf keinen Fall effektiver als Bestrafen. Und darum geht es auch gar nicht.

Strafen sind meiner Ansicht nach nämlich gar nicht dazu gedacht, dem Kind eine Lektion zu erteilen, was natürlich – wenn es klappt – ein guter Nebeneffekt ist. Nein, Strafen sollen nicht für die Kinder wirkungsvoll sein, sondern für ihre Umgebung. Schließlich leiden nicht die Kinder unter ihrem Fehlverhalten, sondern ihre Eltern, Geschwister oder Klassenkameraden. Ich halte Strafen daher für eine sehr geeignete Möglichkeit, die anderen – wenn auch nur für kurze Zeit – spüren zu lassen, wer das Sagen hat oder die Atmosphäre zu klären. Strafen sind durchaus effektiv, weil sie klare Verhältnisse schaffen, den Unterschied zwischen Gut und Böse verdeutlichen und weil das inner- und außerfamiliäre Zusammenleben nur dann funktionieren kann, wenn Regeln und Gesetze eingehalten werden.

Was den außerfamiliären Bereich angeht: Auch hier haben sich Psychologen daran gemacht, kleinere und größere Kriminelle zu therapieren. Nach dem Motto »Bestrafen hilft nichts« reden sie endlos mit den Gesetzesbrechern und hoffen, diese mit salbungsvollen Worten zu guten Menschen zu machen. Leider nützt das überhaupt nichts. Im Gegenteil: Kriminelle eignen sich mit Begeisterung das Vokabular des Therapeuten an und streuen ihm auf diese Weise Sand in die Augen. Indem sie von einer schlimmen Kindheit, einem dominanten Vater oder traumatischen Misshandlungen erzählen, wälzen sie die Verantwortung für ihr Handeln auf andere ab und vermitteln dem Therapeuten die Illusion, dass sie zu heilen seien. Strafen wirken bei Kriminellen ebenfalls selten, was ihr Fehlverhalten betrifft. Die meisten sind nämlich Rückfalltäter, was aber nicht daher rührt, dass sie falsch behandelt werden, sondern daher, dass sie eben daran gewöhnt sind, sich im kriminellen Milieu zu bewegen. Eventuelle (Freiheits-)Strafen nimmt man dort in Kauf.

Hier gilt jedoch meiner Ansicht nach das Gleiche wie bei Kindern: Strafen sind nicht in dem Sinn effektiv, dass sie den Kriminellen zur Umkehr bewegen, sondern in dem Sinn, dass die Gesellschaft – wenn auch nur vorübergehend – nicht mehr unter seinem kriminellen Verhalten zu leiden hat. Strafen sind auch in diesem Fall dazu gedacht, das Gesetz zu wahren und allen deutlich zu machen, was der Unterschied zwischen Gut und Böse ist. Dass Straftäter sich das nicht dauerhaft zu Herzen nehmen ist noch kein Grund, Strafen abzuschaffen. Strafen sind vielmehr ein notwendiges Übel; notwendig, um die Menschen zu schützen, die unter dem Verhalten der Gesetzesbrecher zu leiden haben. Schon allein aus diesem Grund bringen sie viel.

Dass Psychologen als Lobby gegen Strafen auftreten, hat böse Folgen. In unserer Gesellschaft ist dadurch eine Atmosphäre klebriger Toleranz entstanden, in der der eine schon Angst hat, den anderen auf dessen unverschämtes Verhalten oder Versäumnisse anzusprechen. Der Berufsstand der Psychologen profitiert davon in keiner Weise. Nicht umsonst werden die psychosozialen Berufe nach wie vor etwas abfällig als *»soft sector«* bezeichnet. Dem Psychologen haftet das Image eines liebenswürdigen bärtigen Typen mit Ökosocken an, der alles gut findet, weil er den Menschen in all seiner Schlechtigkeit so gut versteht. Gegen diese Auffassung wende ich mich rigoros, und zwar nicht nur, indem ich schreibe, was Sie soeben gelesen haben, sondern auch, indem ich meine Patienten behandle, *wie* sie es verdienen: Verhalten sie sich korrekt, dann bin ich ebenfalls korrekt. Kommen sie mir unverschämt, dann gebe ich ihnen Kontra.

Als erstes Beispiel führe ich den typischen unmotivierten Patienten an. Er kommt zur zweiten oder dreißigsten Sitzung und sagt: »Die letzte Sitzung war schon gut, glaube ich, obwohl ich nicht mehr recht weiß, worüber wir geredet haben, und heute, tja ... ich habe mich eigentlich nicht so sehr mit meinen Themen beschäftigt und weiß deshalb nicht, worüber ich reden will ... Haben Sie vielleicht eine Idee?«

Für solch ein Verhalten folgt bei mir die Strafe auf dem Fuß, und zwar auf eine der folgenden Arten:

1. Ich setze mich an meinen Computer und sage wie nebenbei: »Ihre Zeit läuft jetzt. Denken Sie in Ruhe nach, und wenn Ihnen was einfällt, worüber Sie reden möchten, dann melden Sie sich. Aber nur wenn es wirklich relevant ist, denn ich arbeite hier an einem wichtigen Projekt.«
2. Ich stehe auf und sage: »Kein Problem für mich; mir ist es sehr recht, mein Geld auf einfache Weise zu verdienen. Wenn Sie Ihre Zeit verschwenden wollen, so ist das Ihre Sache. Ich gehe jetzt erst mal Kaffee kochen.«
3. Ich seufze tief und sage: »Wenn Sie sich nicht mehr an das letzte Mal erinnern können... ich mag mein Gedächtnis auch nicht anstrengen. Vielleicht haben Sie ja Lust, sich ein Video vom letzten Workshop anzusehen, den ich veranstaltet habe.«
4. Ich grinse und sage: »Na prima, leicht verdientes Geld. Dann zahlen Sie mir jetzt das Honorar für diese Sitzung und kommen wieder, wenn es was zu sagen gibt.«
5. Ich sage vergnügt: »Na, dann tauschen wir doch einfach mal die Rollen. Ich könnte nämlich ein paar Tipps aus dem Fachgebiet gebrauchen, auf dem Sie tätig sind. Also lösen wir jetzt mal ein paar von meinen Problemen, und ich kriege das Ganze auch noch bezahlt.«

Die genannten Reaktionen sind »Strafen« für ungebührliches Verhalten, und ich kann Ihnen aus eigener Erfahrung versichern, dass sie höchst wirkungsvoll sind. In den meisten Fäl-

len stellt sich die Motivation oder das Gedächtnis des Patienten nämlich sehr rasch wieder ein.

Als zweites Beispiel nenne ich die typische unverschämte Patientin. Sie kommt zur dritten oder sechzehnten Sitzung, wirft ihre Tasche in die Ecke, setzt sich seufzend und sagt: »Die ganze Welt kann mich mal, hoffentlich finde ich wenigstens hier ein bisschen Verständnis.«

Auch für solches Verhalten folgt bei mir die Strafe wie der Donner auf den Blitz. Und wieder habe ich verschiedene Provokationen dafür in petto:

1. »Sie dürfen jetzt noch mal reinkommen und mich freundlich begrüßen, andernfalls denke ich gar nicht daran, ein Gespräch mit Ihnen zu führen.«
2. »Wenn Sie glauben, auf diese Weise Verständnis zu bekommen, dann täuschen Sie sich. Auch in meinem Sprechzimmer gelten die üblichen Anstandsregeln. Kommen Sie also bitte wieder, wenn Sie bereit sind, sich an diese Regeln zu halten.«
3. »Meinetwegen können Sie so wütend sein, wie Sie wollen, aber ich lasse nicht zu, dass Sie Ihre Wut an mir abreagieren. Sie haben die Wahl: Entweder Sie verhalten sich normal, und wir führen ein normales Gespräch, oder Sie gehen und kommen wieder, wenn Sie sich wieder eingekriegt haben.«

Das Problem von Psychologen besteht darin, dass sie sich über die Jahre hinweg als »wertfrei vorgehend« profiliert haben. Was wiederum dazu geführt hat, dass ihre Patienten sich immer unmöglicher verhalten. Aber auch die Geduld eines Psychologen hat Grenzen, und er sollte diese im beiderseitigen Interesse klar aufzeigen. Dass er Strafen verhängt, ist ein absolut angebrachtes Mittel, und sei es nur dazu, dass in der Beziehung zum Patienten der Anstand gewahrt bleibt.

Menschen sind verletzlich

Noch nie zuvor hatte der praktizierende Psychologe so viel zu tun: Seelisch aus der Bahn geworfene Menschen müssen aufgemöbelt, schlecht funktionierende Manager wieder hingebogen und festgefahrene Ehen aus der Sackgasse geholt werden. Der Psychologe genießt immer mehr Ansehen, und das ist hervorragend. Schließlich sollte der Mensch nicht nur für seine körperliche Gesundheit Sorge tragen, sondern auch für sein seelisches Wohl. Depressionen sind eine ebenso schwere, wenn nicht sogar schwerere Krankheit als Diabetes, und die Wirtschaft erleidet höhere Einbußen durch Arbeitnehmer, die wegen Liebeskummer nicht arbeitsfähig sind, als durch Arbeitnehmer, die sich Operationen unterziehen müssen und deswegen ausfallen. Die Psychologen haben die Psyche des Menschen kartiert und studiert, denn wer seelisch stark ist, kann die Last des Lebens sehr viel besser tragen.

Dennoch frage ich mich manchmal, wie die Menschen überlebt haben, als es noch keine Psychologen gab. Natürlich hat man damals öfter gebetet oder ist zum Pfarrer gegangen. Und gerade in Zeiten der Armut waren die Menschen stärker aufeinander angewiesen und mussten sich gegenseitig unterstützen. Aber wenn da niemand war, der guten Rat geben oder beim Lösen eines psychischen Problems helfen konnte, dann blieb dem Betroffenen nichts weiter übrig, als auf bessere Zeiten zu warten oder zu versuchen, aus eigener Kraft die Schwierigkeiten zu meistern. Fest steht jedenfalls, dass man in der psychologenlosen Ära daran gewöhnt war, sich über Probleme hinwegzusetzen bzw. menschliches Leiden als etwas zu sehen, das nun einmal zum Leben gehört. Kein Wunder, wenn man bedenkt, dass Redewendungen wie »aus der Not eine Tugend machen«, »jeder hat sein Kreuz zu tragen« oder »auf Regen folgt Sonnenschein« schon so alt sind wie unsere Zeitrechnung.

Man kann also anscheinend lernen, mit seelischem Schmerz zu leben. Dafür gilt es, die Seele abzuhärten, so dass man die nächsten Stürme des Lebens besser übersteht. Klar ist aber auch, dass solch eine Lebenseinstellung heutzutage nicht mehr gut ankommt.

Gibt es in unserer modernen Gesellschaft denn schwerere emotionale Probleme als früher? Mehr psychische Krankheiten denn je? Oder suchen die Menschen möglicherweise nach Problemen, die gar nicht existieren? Die Antwort auf alle drei Fragen lautet: »Nein«. Es ist statistisch nachgewiesen, dass psychische Leiden überall auf der Welt, in allen Kulturen und zu allen Zeiten in konstantem Maß vorkommen. Ein auffallender Unterschied zu früher besteht darin, dass wir gelernt haben, über das, was uns zu schaffen macht, zu reden. Und auch was sich nicht konkret benennen lässt, hat mittlerweile seine Existenzberechtigung. Wie schon gesagt: Es ist gut, dass es Psychologen gibt, die ein offenes Ohr für all das haben. Dennoch sind sie in den letzten Jahren allesamt in die Irre gegangen, weil sie die Verletzlichkeit des Menschen überbetont haben. Wie das?

Indem sie sich auf das konzentriert haben, was der Mensch nicht kann, statt auf das, was er sehr wohl kann. Und die Situation wird dadurch noch verschlimmert, dass die Psychologen Probleme entdecken, die zunächst gar nicht da waren.

Hier ein typisches Beispiel dafür:

P(atient): »Ich streite mich wieder ziemlich oft mit meiner Frau.«

T(herapeut): *»Worüber?«*

P.: »Ach, über die läppischsten Dinge.«

T.: *»Die da wären?«*

P.: »Ich habe zum Beispiel keine Lust auf einen längeren Urlaub mit ihr, und sie wirft mir dann vor, ich würde mir keine Zeit für sie nehmen.«

T.: *»Haben Sie Angst vor so viel Nähe?«*

P.: »Wie meinen Sie das?«

T.: *»Nun, ich habe den Eindruck, dass Sie ein Näheproblem haben und deshalb keinen längeren Urlaub mit Ihrer Frau machen wollen.«*

P.: »Das war mir nicht bewusst.«

T.: *»So was läuft nun mal unbewusst. Mir ist nämlich aufgefallen, dass Sie unsere Termine auch öfter mal absagen, verstehen Sie, zu viel persönlicher Kontakt ist etwas, das bei Ihnen Widerstand auslöst.«*

P.: »Wieso?«

T.: *»Nun, das müssen wir jetzt erstmal herausfinden.«*

Mir ist klar, dass es hart klingt, aber meiner Ansicht nach riechen solche »therapeutischen« Interventionen nach Arbeitsbeschaffung. Ein Therapeut, der so vorgeht, betreibt Haarspalterei und er hängt dem Patienten ein Problem an, das er vor der Therapie gar nicht hatte. Und selbst wenn der Therapeut mit seinen brillanten Erkenntnissen richtig läge, würde er den Patienten immer noch als verletzlicher darstellen als unbedingt nötig.

Es geht nämlich auch so:

P.: »Ich streite mich wieder ziemlich oft mit meiner Frau.«

T.: *»Na und?«*

P.: »Das nervt.«

T.: *»Wer viel Kontakt hat, reibt sich schon mal aneinander.«*

P.: »Schon, aber die Reibungen sind in letzter Zeit doch ziemlich heftig.«

T.: *»Wie? Schlagen Sie sich?«*

P.: »Nein, das nicht, aber es stinkt mir, dass sie mir ständig vorwirft, ich würde mir keine Zeit für sie nehmen.«

T.: *»Vielleicht hat sie ja Recht.«*

P.: »Weil ich keinen längeren Urlaub mit ihr machen will?«

T.: *»Wollen Sie das denn nicht?«*

P.: »Nein.«

T.: *»Na, dann wollen Sie sich wirklich keine Zeit für sie nehmen.«*

P.: »Aber ich tue auch so schon genug für sie.«

T.: *»Frauen sind nie mit dem zufrieden, was Männer für sie tun.«*

P.: »Das ist wohl wahr.«

T.: *»Na denn ...«*

Psychologen suchen nicht nur Probleme, wo gar keine sind, sie behandeln auch ihre Patienten wie rohe Eier, obwohl sie keine sind. Das ist vor allem dann der Fall, wenn der Therapeut auf Konfrontationskurs gehen muss. Stellen Sie sich einen Patienten vor, der sich ausgesprochen feindselig anderen gegenüber

verhält, als Problem aber vorgebracht hat, er fühle sich so einsam. Mancher Psychologe wird sogar diesen Patienten mit Samthandschuhen anfassen. Das klingt dann ungefähr so: »Mir fällt auf, dass Sie – und das habe ich in letzter Zeit öfter mal gedacht, aber ich kann mich natürlich irren, und wenn dem so ist, dann müssen Sie das gleich sagen, aber irgendwie kommt es mir so vor –, dass Sie ein Bedürfnis nach mehr Verbundenheit mit anderen haben, und zugleich scheinen mir Ihre Gedanken und Gefühle, nun ja, wie soll ich sagen … gewissermaßen feindselig rüberzukommen, verstehen Sie, was ich meine, können Sie sich darin ein wenig finden?«

Auf einen solchen Wortbrei kann der Patient problemlos mit »Nein!« antworten und sich hinter seiner attestierten Verletzlichkeit verstecken.

Völliger Quatsch: Menschen/Patienten halten schon was aus, weshalb ich in so einem Fall lieber sage: »Aha, Herr Sowieso, Sie wollen also ernsthaft etwas gegen Ihre Einsamkeit tun. Ich kann mir das nicht vorstellen, denn als Ihr Nachbar/Bruder/Kollege würde ich Ihnen weiträumig aus dem Weg gehen, weil allein schon Ihr Blick tötet.« Auch diese Worte kann der Patient natürlich mit Protest quittieren, aber durch meine Direktheit wird er sich wenigstens als vollwertiger, stabiler Mensch angesprochen fühlen.

Auch durch das kommentarlose Akzeptieren von Vermeidungsverhalten jeglicher Art demonstrieren Psychologen, dass sie ihre Patienten für »Seelchen« halten. Patienten wären keine Patienten, wenn sie nicht versuchten, ihre »Hausaufgaben« vor sich herzuschieben, schwierige Themen zu vermeiden oder zu nebensächlichen Dingen abzuschweifen, um eine wirkliche

Veränderung zu umgehen. Meist gehen Therapeuten auf dieses Fluchtverhalten ein und sagen Dinge wie: »Ich verstehe sehr gut, dass es Ihnen schwer fällt, zum Kern zu kommen«, oder »Können Sie vielleicht andeuten, was Sie davon abhält, über das zu sprechen, was Ihnen wirklich zu schaffen macht?«, oder »Womöglich war die Aufgabe zu schwierig, und wir müssen einen kleinen Schritt zurück«, oder »Wenn ich zu schnell vorgehe, müssen Sie mir das sagen, denn es ist sehr wichtig, dass Sie sich verstanden fühlen«.

Meine persönliche Meinung dazu ist, dass dem Patienten besser damit geholfen ist, wenn er mit Bemerkungen konfrontiert wird wie: »Wenn Sie nur so ein bisschen herumschwafeln wollen, dann ist das Ihre Sache. Aber wundern Sie sich bitte nicht, wenn ich dabei einschlafe«, oder »Zu blöd von mir, Ihnen eine Aufgabe zu stellen; ich hätte mir denken können, dass Sie nicht wirklich nach einer Lösung suchen wollen.«

Selbstverständlich können Patienten wirklich sehr verletzlich oder so am Boden sein, dass sie es allein einfach nicht schaffen. Ich habe aber selten mit jemandem zu tun gehabt, der es im therapeutischen Kontakt nicht vertragen hätte, ordentlich wachgerüttelt zu werden. Genauso wie Menschen sich von den schwersten Unglücken und Operationen oder von finanziellen Katastrophen erholen können, können sie auch im seelischen Bereich Selbstheilungskräfte entwickeln. In meiner Praxis erweist sich immer wieder, dass Patienten die besten Fortschritte machen, wenn sie richtig herausgefordert werden.

Dann wird es wohl unbewusst sein

Wieder ist es Freud, dem die Ehre zukommt, etwas Phänomenales entdeckt zu haben: das Unbewusste. Es versetzte der zivilisierten Welt einen Schock, als Dr. Sigmund Freud bekannt gab, der Mensch werde in den Bereichen Sexualität, Aggression und Selbstzerstörung von tierischen Trieben gesteuert, ohne dass er es weiß. Bei näherer Untersuchung fand sich im Unbewussten noch manches andere: der Wunsch, die Mutter zu besitzen und den Vater zu ermorden (Ödipuskomplex), die Rivalität zwischen Geschwistern, die Unfähigkeit, etwas von sich herzugeben (anale Phase) oder nach innen gerichtete Wut (Depression).

Den Kern von Freuds Darlegungen bildete die These, dass das Unbewusste als »geheimer Keller« für schmerzliche Gefühle diene. Damit konnte er erklären, warum schwere Traumata »vergessen« und heftige innere Konflikte »verdrängt« werden. Des Weiteren vertrat er die Ansicht, alles, was sich im Unbewussten des Menschen abspiele, werde letztlich sichtbar, nur eben in abgewandelter Form. So könnte beispielsweise jemand Metzger werden, weil er unbewusst von dem Wunsch getrieben wird, seinen dominanten Vater in Stücke zu hacken. Und jemand, der sich verspricht, indem er beispielsweise »liebe Feinde« statt »liebe Freunde« sagt, hat unbewusst eine negative Haltung gegenüber den so angesprochenen Personen. Oder wer sich ausschließlich in Schwarz kleidet, demonstriert eine unterdrückte Todessehnsucht.

Natürlich hat Freud, was das Unbewusste angeht, bahnbrechende Arbeit geleistet und gezeigt, dass menschliche Motive oft anders sind, als sie auf den ersten Blick scheinen, mit Sicherheit aber anders, als dem Menschen bewusst ist. Die modernen Psychologen haben Freuds Entdeckungen allerdings benutzt, um über die Stränge zu schlagen. In ihrem Sprechzimmer missbrauchen sie das Unbewusste, um den eigenen Ruhm zu mehren. Indem der Therapeut sich auf das Unbewusste beruft, kann er:

1. Fragen des Patienten beantworten, auf die er in Wirklichkeit gar keine Antwort weiß (meist handelt es sich um hoch komplizierte Erklärungen, sodass der Therapeut sich als Weiser profiliert und der Patient sich noch unbedarfter fühlt als zuvor).
2. den Patienten »niederdiskutieren«, um Recht zu behalten.
3. Diagnosen erfinden.
4. oberflächlichen Problemen mehr Tiefgang verleihen.
5. Zeit schinden und somit die Lösung des Problems hinausschieben.

Klingt hart? Dann will ich auf jede dieser fünf Trickserеien mit dem Unbewussten näher eingehen:

1. Der Therapeut kann dank des Unbewussten Fragen des Patienten beantworten, auf die er in Wirklichkeit gar keine

Antwort weiß (meist handelt es sich um hoch komplizierte Erklärungen, sodass der Therapeut sich als Weiser profiliert und der Patient sich noch unbedarfter fühlt als zuvor).

Als Beispiel möchte ich einen Patienten anführen, der über Schmerzen im Rücken und in den Schultern klagt. Sein Hausarzt hat keine organischen Ursachen gefunden und bezeichnet die Beschwerden als »psychisch bedingt«. Beim Psychologen fragt der Patient nun nach dem Grund seiner Schmerzen und bekommt vom Therapeuten folgende Antwort: »Mein Eindruck ist, dass Sie den Anforderungen des Lebens nicht gerecht werden können und daher von der Last dessen, was andere von Ihnen fordern, im übertragenen wie auch im wörtlichen Sinn niedergedrückt werden.« Wenn der Patient nun einwendet, sein Leben verlaufe durchaus entspannt und angenehm, bis auf die Rückenschmerzen eben, und er sei sich keiner Überforderung bewusst, kann der Therapeut einhaken

und sagen: »Nun, Sie müssen sich klar machen, dass solche Prozesse meist unbewusst ablaufen.« Ist der Patient beeindruckt und fragt: »Ja, was soll ich denn tun, um das Problem zu lösen?«, dann wird der weise Therapeut sagen: »Sie müssen sich all das, was unbewusst abläuft, bewusst machen; erst dann sind Sie so weit, dass Sie etwas an Ihrem Leben ändern können.«

Kurz gesagt: Der Therapeut hat hellseherische Fähigkeiten, und der Patient ist blind und soll auch noch nach etwas suchen, das man gar nicht sehen kann. Ich selbst halte es so, dass ich dem Patienten erst einmal eine völlig absurde Erklärung vorsetze, wie zum Beispiel: »Wahrscheinlich haben Sie sich das falsche Fahrrad gekauft, zu schmale Reifen können nämlich solche Beschwerden verursachen«, um ihm klar zu machen, dass es für viele Beschwerden einfach keine schlüssigen Erklärungen gibt, und falls doch, dass diese nicht automatisch eine Linderung bewirken. Für manche Probleme gibt es eben

keine Lösungen, und man lebt sehr viel leichter, wenn man das erst einmal begriffen hat.

2. Mit Rückgriff auf das Unbewusste kann der Therapeut den Patienten »niederdiskutieren«, um Recht zu behalten.

Als Beispiel nehme ich hier einen Patienten, der binnen kurzer Zeit zweimal von seinen Partnerinnen verlassen wurde. Der Therapeut vermutet, der Patient habe wohl Bindungsangst und werde deshalb von Frauen abgelehnt. Er rufe deren Verhalten also im Grunde genommen selbst hervor. Der Patient protestiert heftig und sagt: »Das ist mir in keiner Weise bewusst! Im Gegenteil, ich wollte mit jeder der Frauen eine feste Beziehung, aber beiden war letztlich ihre Arbeit wichtiger.« Damit der Psychologe in therapeutischer Hinsicht Recht behält, antwortet er: »Genau, es ist Ihnen nicht bewusst! Sie suchen sich unbewusst Frauen aus, an die Sie sich nicht fest zu binden brauchen, weil sie über kurz oder lang ja doch wegziehen.«

So ergibt sich eine unsinnige Diskussion, bei der der Therapeut letztlich die Oberhand behält, weil sich gegen das »Unbewusste« nun einmal nichts Konkretes einwenden lässt: Man sieht es nicht, begreift es nicht und kennt es nicht, aber trotzdem ist es da. In meiner Praxis hüte ich mich vor Diskussionen mit Patienten, in denen es um Erklärungen für bestimmte Verhaltensweisen geht – es sei denn, mir ist daran gelegen, dass der Patient sich im zwischenmenschlichen Kontakt selbstsicherer gibt. Ich sage lieber provozierend: »Meiner Ansicht nach rührt das ganze Problem daher, dass Sie im Jahr 1974 geboren sind; das war ein rundherum schlechtes Jahr, weil wir damals das Weltmeisterschaftsendspiel gegen Deutschland verloren haben.«

3. Mit dem Unbewussten kann der Therapeut Diagnosen erfinden.

Wenn Therapeuten sich irgendwelche Diagnosen ausdenken, kann das Patienten samt ihren Familien in die Katastrophe treiben. Es kommt immer wieder vor, dass ein Therapeut einen Patienten in seine unbewusste Vergangenheit »zurückführt« und ihm unterdrückte Inzesterfahrungen oder andere Arten seelischer, sexueller oder körperlicher Misshandlung anhängt. Es ist wissenschaftlich hinreichend nachgewiesen, dass Menschen schmerzliche Erfahrungen zwar verschweigen oder um ihres Seelenfriedens willen auf ein psychisches »Abstellgleis« verfrachten, sie aber nicht vergessen oder auslöschen können. Da Patienten jedoch empfänglich für Suggestionen sind, vor allem dann, wenn sie (psychisch) leiden und Linderung suchen, kann der Therapeut das Unbewusste leicht als »Waffe« einsetzen und dem Patienten sogar weismachen, er sei in einem früheren Leben ermordet, vergewaltigt oder gefoltert worden. In der Praxis geht es natürlich nicht nur um solche spektakulären Erfindungen, auch kleinere sind beliebt: So kann der Therapeut sich auch ausdenken, der Patient sei eigentlich bisexuell, reagiere unbewusst allergisch auf Intimität oder habe eine unerkannte Todessehnsucht. Wie auch immer, das »Unbewusste« eignet sich ideal für Diagnosen jedweder Art, die letztlich nur dem Zweck dienen, dass der Therapeut eine lange Behandlung begründen kann.

In meiner Praxis versuche ich die Patienten herauszufordern, mir ihr Problem möglichst überzeugend zu »verkaufen«. Eine Behandlung ziehe ich erst dann in Betracht, wenn deren Notwendigkeit unverkennbar ist. Ich drehe die Rollen sozusagen um: Statt dass ich dem Patienten etwas andrehe, muss er mir etwas andrehen, bevor ich eine therapeutische Intervention erwäge. Dieses Vorgehen ist durchaus wirkungsvoll. Patienten relativieren dadurch ihre Probleme oder finden in einem frühen Stadium oft sogar selbst eine Lösung. Oder aber es stellt sich heraus, dass der Patient sich das Problem nur ausgedacht hat.

4. Das Unbewusste verleiht oberflächlichen Problemen mehr Tiefgang.

»Unbewusst« – dieses Wort ruft allerlei unbewusste Assoziationen hervor. Man denkt an Keller, Speicher und geheime Orte, an unsichtbar, ungreifbar und kompliziert, an tief und tiefer, an zu Grunde liegend, versteckt, unterdrückt, vergessen, vergangen, maskiert oder verdrängt. Indem der Therapeut das Wort »unbewusst« willkürlich verwendet, kann er banalen Problemen oder Bemerkungen des Patienten ganz einfach Tiefgang verleihen. Menschen sehen sich selbst eben lieber als komplex und tiefgründig denn als einfach und oberflächlich. Der Therapeut sagt dem Patienten, was dieser am liebsten hört. Ein Beispiel hierzu: Der Patient sagt, er denke zwar sehr viel, empfinde dabei aber kaum etwas. Statt diese Bemerkung als belanglos zu registrieren, kann der Therapeut ihr Tiefe verleihen, indem er sagt: »Hmmm… tja, das klingt, als würden

Sie sich durch das viele Denken unbewusst abschirmen, weil Sie Angst haben, was da für Gefühle hochkommen könnten, wenn Sie die denn zulassen würden.« Ich selbst neige eher zu einer Reaktion wie: »Es gibt nun mal Denker und Gefühlsmenschen; Sie gehören zur erstgenannten Kategorie – also, was soll's?«

5. Mit dem Unbewussten lässt sich Zeit schinden und die Lösung des Problems hinausschieben.

Was im Unbewussten vorgeht, ist verborgen. Und was verborgen ist, muss gefunden werden. Die Suche danach nimmt der Therapeut in Angriff, um Zeit zu schinden. Zeit schinden, wieso das? Weil es bequemer, interessanter und vor allem lukrativer ist, mit dem Patienten die verschlungensten verbalen Nebenpfade einzuschlagen, als das Problem pragmatisch zu lösen, notfalls festzustellen, dass es keine Lösung gibt, oder dass es zwar eine Lösung gibt, die für den Patienten aber nicht praktikabel ist. Ein Beispiel: Der Patient sagt, es falle ihm schwer, die Initiative zu ergreifen, wenn es darum gehe, Fremde anzusprechen. Indem der Therapeut mit ihm nach unbewussten Motiven forscht, wie einer tief verwurzelten Angst davor, zurückgewiesen zu werden oder nicht die richtigen Worte zu finden oder abstoßend zu wirken, kann er die Lösung des Problems beliebig hinauszögern. Ich bevorzuge die direkte Konfrontation und sage: »Übung macht den Meister, und wenn Sie nicht üben, werden Sie Ihre Schüchternheit nie überwinden.«

Der Missbrauch des Unbewussten durch Therapeuten ist so weit verbreitet, dass Patienten die Tricks inzwischen schon selbst beherrschen. Auch sie können sehr geschickt Fragen beantworten, auf die sie in Wirklichkeit keine Antwort wissen (»Ich denke, dass ich unbewusst Erfolgsangst habe, deshalb komme ich morgens so schlecht aus dem Bett«), Diskussionen mit dem Therapeuten anfangen, um ihren Patientenstatus zu rechtfertigen (»Ich will eigentlich schon, aber da scheint ein Schamgefühl zu sein, das mich unbewusst blockiert«), sich Diagnosen und Behandlungen ausdenken (»Ich glaube, unter Hypnose könnte ich herausfinden, was da unbewusst in mir vorgeht und dazu führt, dass ich mit autoritären Leuten solche Probleme habe«), oberflächlichen Problemen mehr Tiefgang verleihen (»Ich weiß, ich wirke faul, aber unbewusst möchte ich damit meinem Vater eins auswischen«) und Zeit schinden, um die Lösung des Problems nicht in Angriff nehmen zu müssen (»Ich glaube, es ist eine größere Sache herauszufinden, was da unbewusst abläuft und verhindert, dass ich meine Frau weiterhin liebe«). Kurzum: Freuds phantastische Entdeckung des Unbewussten ist zu einem Sammelbecken für psychologische Märchen geworden.

Du kannst es, wenn du nur willst

Eine wichtige Aufgabe von Psychologen besteht darin, ihre Patienten zu inspirieren; schließlich gehen sie nicht ohne Grund in Therapie. Sie zahlen für Unterstützung, Ermunterung, positive Gedanken, konstruktive Anmerkungen und konkrete Lösungen. Manche sagen selbst, sie brauchten ein bisschen Druck oder einen Schubs in die richtige Richtung. Und wer ein echter Therapeut ist, wird diesem Wunsch nachkommen. Idealerweise nimmt er eine positive Grundhaltung ein, denn der Patient hat sozusagen die Orientierung verloren, ist mental am Boden und kommt zum Therapeuten, um sich seelisch wieder aufladen zu lassen.

Aber wie auf vielen anderen Gebieten tut der Therapeut auch als »Motivator« oft zu viel des Guten. Wie ein fanatischer Fußballtrainer steht er an der Seitenlinie und feuert seine Schützlinge mit Slogans an wie »Zeig Siegermentalität!«, »Setz dich voll ein!« oder »Alles oder nichts«. Dahinter steckt die zweifelhafte Botschaft: Du kannst es, wenn du nur willst. Im Grunde genommen kommt es dann nicht darauf an, *was* der Patient will, er braucht nur genug Willenskraft.

Diese enthusiastische Formel hat ihren Ursprung in Amerika. Dort wird jedes Kind mit der Vorstellung erzogen: *The sky is the limit.* Alle Träume lassen sich verwirklichen, egal, wie miserabel die Umstände auch sein mögen. Und tatsächlich haben die Yankees mit dieser Lebenshaltung enorm viel erreicht. Zudem können die Amerikaner auch sehr gut Fehlschläge unter den Tisch kehren, Missstände leugnen und negative Einflüsse bagatellisieren. Und diese »positive Blindheit« ist nun nach Europa in die Sprechzimmer der Psychologen herübergeschwappt. Sie haben das amerikanische Denken übernommen und versuchen, die schlaffen Ego-Ballons ihrer Patienten mit positiver Luft aufzublasen. Die Patienten wiederum sind sehr empfänglich dafür, denn wer hört nicht gern, dass er zu mehr in der Lage ist, bessere Perspektiven hat und Größeres erreichen kann als er immer gedacht hat.

Es fragt sich nur, ob diese Jippijee-Mentalität auch vernünftig ist. Für mich ist die Antwort sonnenklar: Sie ist komplett unsinnig, und zwar aus folgenden Gründen:

1. Erfolg ist öfter als gedacht eine Frage der Umstände.
2. Fehlschläge sind öfter als gedacht eine Frage der Umstände.
3. Man kann es zwar wollen, aber will man es auch können?
4. Man will es zwar können, aber ist es auch drin?
5. Es ist vielleicht drin, aber wird es auch tatsächlich was?

Lassen Sie mich auf diese fünf Gründe näher eingehen:

1. Erfolg ist öfter als gedacht eine Frage der Umstände.

Wer hierzulande eine kontroverse Äußerung macht, ist sofort in den Schlagzeilen und wird in Fernseh-Talkshows eingeladen. Wer zum Sozialamt geht und dort lange genug rumjault, kommt mit einem Vorschuss auf seine Sozialhilfe heraus. Wer seine Kinder auf die Schule schickt, kann sicher sein, dass sie nach einigen Jahren einen Abschluss haben. Wer regelmäßig arbeitet, hat bald genug Geld übrig, um in Urlaub zu fahren. Und wer ein wenig spart, kann sich binnen relativ kurzer Zeit einen neuen Farbfernseher kaufen. In einem Land wie unserem geboren zu werden, aufzuwachsen und zu leben, ist wie ein Hauptgewinn im Lotto; die sozialen, wirtschaftlichen und politischen Umstände sind insgesamt so günstig, dass selbst der größte Stümper noch fein raus ist. Alles ist geregelt, das Bettchen gemacht, und das Einzige, was man noch selbst tun muss, ist ein paar Formulare ausfüllen – sofern man in der Schule einigermaßen lesen und schreiben gelernt hat.

So gesehen ist Erfolg bei uns relativ billig zu haben. Versucht man das Gleiche in Botswana, sieht das Resultat ganz anders aus. Der deutsche Staatsbürger hat somit tüchtigen Rückenwind, und wenn er auch noch jung, weiß, Christ, verheiratet und männlich ist sowie einen IQ von über 125 hat, sind das weitere Pluspunkte.

Natürlich hören und glauben wir gern, dass jeder die gleichen Chancen hat, und auf dem Papier ist das auch so. Aber in der Praxis hat man als Individuum bessere Erfolgsaussichten, wenn man gesund ist und beispielsweise glücklich verheiratete Eltern hat, die es selbst zu etwas gebracht haben. Ich bin zum Beispiel stolz darauf, dass ich 1977 als erster Psychologe eine Privatpraxis eröffnet habe, und betrachte das als meine ureigenste Leistung. Allerdings werde ich der Wahrheit nur dann gerecht, wenn ich dazusage, dass mein Vater mich in den Anfangsjahren finanziell sehr großzügig unterstützt hat.

Der Erfolg, den die Psychologen mit der Du-kannst-es-Mentalität propagieren, ist also größtenteils den günstigen Lebensbedingungen ihrer Patienten zuzuschreiben. Zweifellos ist es trotzdem wichtig, Patienten herauszufordern und ihnen zu zeigen, dass sie als Individuen Veränderungen bewirken können – natürlich mit dem gebotenen Sinn für die Realität. Jemanden, der voller Begeisterung zu mir sagt: »Die Leute finden mich total nett!«, den frage ich automatisch: »Wer noch außer Ihrer Mutter?« Und einem Patienten, der das Anliegen hat, immer zu sagen, was er denkt, dem antworte ich: »Nur zu, das ist hierzulande keine Sache, für die man im Gefängnis landet.«

2. Fehlschläge sind öfter als gedacht eine Frage der Umstände.

Persönliche Kraft und mentale Belastbarkeit sind und bleiben ein wesentliches Thema im Sprechzimmer des Psychologen. Was nicht heißen soll, es gäbe nicht so etwas wie »Determinismus« oder: Alles geschieht, wie es geschieht, weil ein Zusammentreffen von Zufällen es so bestimmt. Der amerikanische Psychiater und Theologe Scott Peck spricht in seinem Buch *Der wunderbare Weg* sogar von »Überdeterminismus«: Die Kraft der bestimmenden Umstände ist so groß, dass der Mensch dagegen nichts ausrichten kann. Beispiele dafür liegen auf der Hand. So kann niemand etwas gegen Naturkatastrophen, mordende Psychopathen oder den Zusammenbruch der Weltwirtschaft tun. Auch im kleineren Maßstab können sich Situationen ergeben, die bewirken, dass jemand zum Scheitern verurteilt ist, etwa, wenn man wegen Stromausfall im Aufzug stecken bleibt. Man kann dann noch so gern pünktlich beim Bewerbungsgespräch sein wollen, kommt aber mit Sicherheit zu spät. Und man kann sich zwar vornehmen, Tante Erna nur auf ein Stündchen zum Geburtstag zu besuchen, aber wenn sie dann bei der Begrüßung sagt: »Ich habe für alle Gäste eine Riesenüberraschung, die kommt aber erst nach dem Essen«, dann ist es nahezu unmöglich, sich – wie geplant – zeitig wieder zu verdrücken.

Der Satz »Du kannst es, wenn du nur willst« hat somit einen sehr gefährlichen Aspekt: Wenn dem Patienten nämlich nicht gelingt, was er vorhatte, zieht er automatisch den Schluss, dass das Scheitern in seiner mangelnden Willenskraft, seiner falschen Einstellung oder in seiner Persönlichkeit begründet liegt. Zugegeben, bei manchen Leuten ist das gar nicht so weit hergeholt, aber in ebenso vielen Fällen geht das Scheitern eben doch auf Pech, höhere Gewalt oder zwingende Umstände zurück. In meiner Praxis weise ich daher immer auf den Kontext der Ereignisse hin. Jemand, der klagt, es gelinge ihm einfach nicht, sein Hobby zum Beruf zu machen, dem sage ich: »Tja, wenn Sie einen Job als Spezialist für Schimpansen suchen, dann sind Sie in unserm Land fehl am Platz.«

3. Man kann es zwar wollen, aber will man es auch können?

Menschen wollen alles Mögliche, und was sie wollen, das wollen sie in der Regel auch besonders gern. Verwunderlich ist das nicht. Denn um etwas zu wollen, braucht man nur den Mund aufzumachen und zu sagen: »Das will ich.« Worte sind billig und Absichtserklärungen gratis. Was teuer zu stehen kommt, sind Taten. Zur Abwechslung nehme ich einmal mich selbst als Beispiel. Seit Jahren sage ich bei jeder Gelegenheit zu anderen und auch zu mir selbst, ich wollte nichts lieber als annähernd so gut Klavier spielen können wie Wibi Soerjadi. Davon träume ich, und ich beneide glühend jene Pianisten, die

wundervolle Mozart-Sonaten zu Gehör bringen. Aber alles, was nötig wäre, um dieses Ziel zu erreichen, ist mir zu viel, zu anstrengend und vor allem zu frustrierend: mit ganz einfachen Klimpereien anfangen, endlos Tonleitern spielen, linke und rechte Hand koordinieren lernen und stundenlang üben, üben, üben bis zur Meisterschaft. Nein, ich kann mich einfach nicht dazu aufraffen, weil ich weiß, dass das der Anfang vom Ende wäre. Das Ganze würde für mich so viel Arbeit bedeuten, dass eine Million Bäume fällen nichts dagegen wäre. Und ich bin nicht der Einzige mit diesem Problem.

Fast jeder hegt Wünsche, die er nicht verwirklicht, weil ihm der Weg zum Ziel zu lang und zu anstrengend ist. Ebenso leicht wie man einen Wunsch formulieren kann, kann der Therapeut sagen: »Na, das klingt ja toll. Machen Sie's, ich traue Ihnen das zu, meine Unterstützung haben Sie.« Der Therapeut hat leicht reden, weil er selbst keinen Finger krumm machen muss. Aus diesem Grund konfrontiere ich meine Patienten lieber mit der Realität ihres geäußerten Wunsches und sage: »Sie können es zwar wollen, aber wollen Sie es auch können?«

4. Man will es zwar können, aber ist es auch drin?

Menschen sind von Natur aus faul. Sehen Sie sich um: Jeder sucht den bequemen Weg. E-Mailen ist nicht umsonst so beliebt geworden; es ist nun einmal viel leichter, per Knopfdruck eine Nachricht zu verschicken, als einen Brief einzutüten, eine Marke auf den Umschlag zu kleben und das Ganze dann auch noch zum Briefkasten zu tragen. Und falls es doch einmal nicht anders geht, dann lieber schnell ins Auto steigen als die paar Hundert Meter zu Fuß gehen. Zum Glück gibt es Ausnahmen, sprich: fleißige Menschen, die ihr Bestes geben, um Arzt zu werden, einen Marathon zu laufen oder das Jonglieren zu erlernen. Denn wie schon erwähnt, ist Fleiß eine Voraussetzung für Leistung.

Aber die Wirklichkeit ist noch härter als soeben beschrieben. Denn Fleiß, Engagement und Leidenschaft sind noch keine Garantie für ein gutes Resultat. Manch einem fehlt es schlicht an Begabung, an Talent – an dem, was den Amateur vom echten Könner unterscheidet. Ein gutes Beispiel ist meine Tante Johanna: Seit über zwanzig Jahren übt sie Geige, um irgendwann in einem renommierten Konzertsaal bei einem Streichquartett mitspielen zu können. Aber sie ist einfach nicht musikalisch genug und muss sich mit der Tatsache abfinden, dass auch ohne großes Publikum spielen Freude machen kann. In ihrem Fall wäre es unsinnig zu sagen: »Du kannst es, wenn du nur willst.« Sie will ja, sie will es können, aber es ist eben nicht drin.

Coaches, Lehrer, Therapeuten und Vertreter verwandter Berufe haben oft Angst, gutwilligen und fleißigen Menschen zu sagen, dass sie zu hoch hinaus wollen. Ich dagegen sage das ganz offen, weil es den Realitätssinn fördert.

5. Es ist vielleicht drin, aber wird es auch tatsächlich was?

Ein Gemälde von Rembrandt ist nur deshalb ein Meisterwerk, weil es als solches anerkannt ist. Und ein Rekord im 100-Meter-Lauf ist nur deshalb ein Rekord, weil er bei offiziellen Wettkämpfen als solcher gestoppt wurde. Es mag dem

Einzelnen klar sein, dass er etwas hat, kann oder leistet – »gültig« wird es aber erst durch die Anerkennung anderer. So kann es mitunter Jahre dauern, bis ein talentierter, fleißig arbeitender Romanschriftsteller sein erstes Buch gedruckt sieht. Und manchmal passiert das auch nie, oder die Anerkennung kommt erst Jahre, nachdem der Autor gestorben ist. Ebenso oft kommt es vor, dass Menschen, die es gar nicht verdienen, als talentiert, brillant oder professionell gelten. So gesehen haben die Beurteiler die Macht, und jeder, der Anerkennung sucht, ist von diesen Machthabern abhängig. Aber so sieht die Realität nun einmal aus, und genau das sollte der Coach oder Therapeut seinen Klienten bzw. Patienten deutlich machen.

Fazit: Der Slogan »Du kannst es, wenn du nur willst« ist nichts als Schein. Natürlich kann manch einer mehr, als er sich selbst zutraut, aber das gilt nur für Menschen, die hart arbeiten, Talent haben und dann auch noch das Glück, dass ihr Talent anerkannt wird. Ich möchte schon seit Jahren dem Eichhörnchen in meinem Garten das Sprechen beibringen. Seltsam, es will mir einfach nicht gelingen.

Angst ist ein schlechter Ratgeber

Kaum sagt man zu einem Therapeuten, man habe vor etwas Angst, schon wird er munter. Für ihn bedeutet Angst, dass es etwas zu tun gibt, sprich: dass die Angst bezähmt, bezwungen, überwunden oder durchlebt werden muss. Ängste sind keine Gefühle, auf die man hören sollte, denn – so sagen Therapeuten – dann gibt es kein Halten mehr. Angst ist in ihren Augen ein schlechter Ratgeber.

Es ist verständlich, dass Menschen mit Angstbeschwerden in Therapie gehen; ich jedenfalls habe dafür vollstes Verständnis. Es ist schlimm, wenn man sich nicht mehr aus dem Haus traut, im Supermarkt urplötzlich eine Panikattacke bekommt oder beim kleinsten Schmerz in der Brust glaubt, man würde an einem Herzanfall sterben.

Ängste sind lähmend und übermächtig. Und in den fast 30 Jahren, die ich nun als Psychologe praktiziere, ist mir eigentlich nie ein Patient untergekommen, der für seine Angst keinen Grund hatte. Diese Aussage steht in krassem Gegensatz zu dem, was die meisten Therapeuten behaupten, nämlich, dass Ängste in hohem Maße irrational seien. Irrational in dem Sinn, dass die Angstreaktion in keinem Verhältnis zur Wirklichkeit stehe, wie etwa bei jemandem, der eine Hundephobie hat und dem schon beim Gedanken an einen Hund der Angstschweiß ausbricht. In Wirklichkeit ist zwar weit und breit kein Hund zu sehen, aber der beunruhigende Gedanke daran ist für den Patienten sehr wohl real, selbst dann, wenn er noch nie ein traumatisches Erlebnis mit einem bissigen Hund hatte. Denn was nicht ist, kann ja noch werden.

So zumindest argumentieren ängstliche Menschen, und in gewissem Sinn haben sie Recht. Die Katastrophe braucht nicht einzutreten, es reicht, dass sie lauert. So werden Menschen mit Hypochondrie, auch »Krankheitsphobie« genannt, permanent von der Sorge umgetrieben, sie könnten an einer schlimmen Krankheit wie Krebs, an Herzversagen oder an einem tödlichen Virus sterben. Sie zu überzeugen, dass ihre Angst »irrational« ist, hat meiner Erfahrung nach absolut keinen Sinn. Sie wissen selbst längst, dass sie aus einer Mücke einen Elefanten machen, können aber sehr überzeugend argumentieren, dass das Unglück schnell geschehen sei.

Nun aber zurück zum Ausgangspunkt, nämlich zu der Aussage, Angst sei ein schlechter Ratgeber. Was für einen Rat gibt die Angst? Grundsätzlich sagt sie: Pass auf, sieh dich vor, geh weg, lass das oder geh zum Angriff über. Starke Angstgefühle veranlassen den Menschen, entweder zu flüchten oder zu kämpfen. Dieser Impuls hat seine Wurzeln in der biologischen Disposition des Menschen: Im Falle der Bedrohung muss er sich schützen. Therapeuten behaupten nun, Angst habe keinen »Sinn«, wenn die Bedrohung nicht real existiere. Warum aber fühlen Menschen sich dann bedroht, wenn da angeblich nichts ist?

Menschen, die überreizt sind oder an einer Depression leiden, leiden häufig unter Ängsten: Sie scheuen andere Menschen, sind überempfindlich gegen Licht und Lärm und fühlen sich bei Stress und Konflikten, oft auch schon durch ihre alltäglichen Pflichten überfordert. Ihre Angst hat jedoch eine Funktion. Sie bewirkt, dass sie zu Hause bleiben, sich ausruhen und alles meiden, was ihren schlechten Zustand ursprünglich verursacht hat. Sie tun somit gut daran, auf ihre Angst zu hören. Der Körper setzt eine Grenze, die sie selbst nicht haben setzen können. Es ist also möglicherweise sehr gefährlich, solche Patienten zu ermuntern, ihre Angst zu überwinden. Sie brauchen ihre Angst, um sich von längerer seelischer oder emotionaler Überbelastung zu erholen.

Ein anderes Beispiel: Viele Menschen haben extreme Angst, vor Publikum zu sprechen; man nennt dies auch Lampenfieber. Sie fürchten die harsche Kritik der Zuhörer, haben Angst, ihren Vortrag nicht hinzukriegen oder so zu stümpern, dass sie das Gesicht verlieren. Therapeuten sagen dazu meist: »Unsinn,

Sie wissen doch nicht, was die anderen denken. Schwarzseherei ist ein Angstsymptom, und in der Vorstellung sieht alles viel schlimmer aus, als es in Wirklichkeit dann ist.« Ich dagegen sage zu solchen Patienten: »Sie haben völlig Recht: Menschen urteilen hart, einen Vortrag halten kann nicht jeder, und wer dabei stümpert, der blamiert sich bis auf die Knochen.«

Meine These lautet: Angst ist nicht nur real, weil sie wirklich erlebt wird, sondern auch, weil sie von Realitätssinn zeugt. Irrational denken viel eher die Menschen, die keine Angst kennen und sich selbst in die Tasche lügen. Ein gutes Beispiel sind die vielen Autofahrer: Jeden Tag steigen sie ohne eine Spur von Angst in ihren Flitzer und hören beim Fahren entspannt Radio, weil sie die durchaus reale Gefahr eines Unfalls einfach leugnen, relativieren oder schönreden, indem sie sich sagen: »Ich bin schließlich ein guter Fahrer«, oder »Mir passiert schon nichts« oder »Bisher ist es immer gut gegangen,

warum also nicht auch heute?« Wer sich die Gefahr, der sich jeder Verkehrsteilnehmer stellt, vergegenwärtigt, wäre verrückt, wenn er noch jemals ins Auto stiege. Aber wir wollen schließlich Tante Trude besuchen oder mal einen Wochenendausflug mit den Kindern machen und müssen uns daher etwas einreden, damit wir guten Mutes ins Auto steigen können.

Wer sich die Mühe macht, darüber nachzudenken, wovor Menschen Angst haben können, wird – genau wie ich – unweigerlich zu dem Schluss kommen, dass die Natur durchaus ihre Logik hat. Menschen mit Höhenangst, Angst vor kleinen Räumen, vor Fremden, Spinnen, Menschenansammlungen, einer neuen Umgebung, Flugreisen, Krankheiten, Tod, sozialer Ablehnung, Wasser, Schmutz, öffentlichen Toiletten, weiten Plätzen, Aufzügen, Brücken, Dunkelheit, Gespenstern, Gewittern, Abgründen und Tunnels reagieren im Grunde genommen biologisch korrekt auf potenzielle Gefahr. Körper und Seele arbeiten zusammen, um das Individuum zu schützen. Ohne Angst würden wir uns nicht schützen und uns letztlich wohl selbst vernichten.

Wie Tiere haben auch Menschen einen automatisch funktionierenden Überlebensmechanismus. In meiner Praxis sage ich den Patienten – so wie jetzt Ihnen –, dass sie über ihre Angst froh sein sollen und dass es zu nichts nütze ist, sie zu bekämpfen oder krampfhaft überwinden zu wollen. Als Befürworter der provokativen Therapie gehe ich allerdings noch einen Schritt weiter und ermuntere die Patienten sogar, noch vorsichtiger, ausweichender und besorgter zu sein, als sie es ohnehin schon sind. Die meisten sind mir dankbar und sagen:

»Endlich fühle ich mich verstanden; zum ersten Mal habe ich das Gefühl, normal zu sein.«

Manchmal protestiert ein Angstpatient aber auch und sagt: »Sie können mir viel erzählen, Herr Wijnberg, aber ich habe einfach keine Lust mehr, bei Festen immer am Rand zu stehen. Nächstes Mal gehe ich einfach auf jemanden zu und fange ein Gespräch an.« Auch diese Menschen haben letztlich das Gefühl, Hilfe gefunden zu haben, weil sie – trotz der Angst – ihr Ziel verwirklichen.

Was aber ist mit jenen, die von ihren Ängsten so gelähmt sind, dass sie sich nicht mehr aus dem Haus trauen? Meine Erfahrung ist, dass sie sich – nachdem ich sie in ihrer Angst bestätigt habe – letztlich irgendwann doch wieder einigermaßen sicher fühlen und die Schwelle überschreiten.

Bleibt nur noch mit einigen großen Missverständnissen, was Angstbeschwerden angeht, aufzuräumen:

1. Angstbeschwerden werden manchmal mit reiner Inkompetenz verwechselt; der Mann mit Lampenfieber (der behauptet, seine Angst blockiere ihn emotional) leidet vielleicht eher an Selbstüberschätzung und hat schlicht nicht genug auf dem Kasten, um eine gute Präsentation zu gestalten.
2. Angstbescherden werden auch oft mit Unreife verwechselt; das 16-jährige Mädchen, das Angst vor Sex hat, ist einfach noch nicht so weit. Gleiches gilt für den 25-jährigen Studenten, der Angst hat, seine Examensarbeit zu schreiben – er ist vielleicht noch nicht in der Lage, die Verantwortung

zu tragen, die im Berufsleben auf ihn zukommen wird. Manche Angstbeschwerden sind also bestimmten Lebensphasen inhärent.

3. Angstbeschwerden können dem Betreffenden ein hervorragendes Alibi verschaffen. Begriffe wie »Bindungsangst«, »Verlassensangst« oder »Versagensangst« sind derzeit absolut in. Wer sie für sich benutzt, kann seinen Gesprächspartner beeindrucken und sich zugleich der Pflicht, Verantwortung zu übernehmen, entziehen. Im Grunde genommen ist es einfach eine praktische Art zu sagen: »Ich will mir ein Hintertürchen offen halten«, »Du kannst ohne mich nichts unternehmen« oder »Ich kann nichts für meine Fehlleistungen«. Jeder Mensch hat mehr oder weniger Angst, seine Freiheit und seine Lieben zu verlieren oder zu versagen – wer das aber als Krankheit deklariert, erntet mehr Nachsicht und Aufmerksamkeit.

Fazit: Wer in Angst lebt, tut gut daran, auf seine Angst zu hören und ihre Ratschläge zu beherzigen. Wer das nicht tut, kann mit etwas Glück dennoch einen Schritt weiterkommen. Der Mensch leide am meisten, so heißt es, unter dem Leiden, das er fürchtet, das aber nie eintritt, und müsse deshalb mehr tragen, als Gott ihm zu tragen gibt. Ich habe diesen Ausspruch etwas abgewandelt und sage: Der Mensch leidet am meisten unter dem Leiden, das er fürchtet und das manchmal auch eintritt; deshalb muss er alles tragen, was Gott ihm zu tragen gibt.

Jedes Problem verdient eine Lösung

Das Wort »Problem« gehört zum Wort »Lösung«, wie »Frage« zu »Antwort«. Die Begriffe sind so untrennbar miteinander verbunden, dass der eine sozusagen automatisch den anderen assoziiert. Vor allem Männer sind in dieser Hinsicht programmiert. Ertönt der Ruf »Problem!« oder »Frage!«, sucht der Mann reflexartig eine Lösung oder Antwort. Frauen sind da anders gestrickt: Ein Problem oder eine Frage ist für sie eher ein Anlass zu einem persönlichen Gespräch, das nicht notwendigerweise zu einer Antwort oder Lösung führt. Es geht viel mehr um den Kontakt. Therapeuten hingegen sitzen sozusagen ständig in den Startlöchern. Sobald sie ein Problem vorgesetzt bekommen, suchen sie nach einer Lösung. Dafür werden sie schließlich bezahlt.

Leider übertreiben sie dabei nur allzu oft, und das mit üblen Folgen:

1. Der Therapeut denkt sich Probleme aus, um seine Daseinsberechtigung zu untermauern.
2. Der Therapeut denkt sich Lösungen aus, die gar keine sind.
3. Der Therapeut empfiehlt an sich geeignete Lösungen der falschen Person.
4. Der Therapeut erhebt den natürlichen Lebensschmerz zum Problem.

5. Der Therapeut hält simple Äußerungen des Patienten für Probleme.
6. Der Therapeut liefert Lösungen, um die er nicht gebeten wurde.
7. Der Therapeut liefert Lösungen, obwohl die Zeit dafür noch nicht reif ist.
8. Der Therapeut liefert Patienten Lösungen, die ihr Problem im Grunde genommen gar nicht loswerden wollen.
9. Der Therapeut löst das falsche Problem.
10. Der Therapeut liefert Lösungen, die zu noch mehr Problemen führen.

Betrachten wir diese Folgen im Einzelnen etwas genauer:

1. Der Therapeut denkt sich Probleme aus, um seine Daseinsberechtigung zu untermauern.

Psychologen lieben es, ihre Klugheit zu demonstrieren und suchen deshalb in der Geschichte des Patienten wie Spürhunde nach einem fetten Brocken. Ihre scharfen Beobachtungen müssen gar nicht weit von der Wahrheit entfernt sein, schlimm ist allerdings, wenn sie aus einer Mücke einen Elefanten machen. So etwas nennt man Arbeitsbeschaffung. Hat der Psychologe eine Entdeckung gemacht, gibt er das etwa so kund: »Wenn ich mir Ihre Geschichte anhöre, kommt es mir vor, als hätten Sie eine grundlegende Abneigung gegen Frauen und würden die daraus resultierenden Aggressionen auf Ihre Frau projizieren. Sie dichten ihr somit alle möglichen Eigenschaften an, die eher aus Ihrer eigenen Frustration herrühren, als dass sie dem Cha-

IMMER MECKERN DIESE ZEITUNGSSCHMIERER AN UNS THERAPEUTEN RUM! DASS WIR DEN LEUTEN PROBLEME EINREDEN WÜRDEN! DASS UNSERE ARBEIT KEINE WISSENSCHAFTLICHE GRUNDLAGE HÄTTE!
PSEUDO-ARZT
DAS REGT MICH AUF!
Genau! Das ist ungerecht und gemein!
Nein, es stimmt schon, aber niemand darf es wissen.

rakter Ihrer Frau entsprechen.« Um dann fortzufahren: »Hier liegt, denke ich, ein wesentlicher Kern Ihres Problems.« Sagt der Patient entrüstet, das treffe ja nun überhaupt nicht auf ihn zu, kann der Therapeut befriedigt den Schluss ziehen, der Patient reagiere logischerweise mit Widerstand. »Schmerzliche Erkenntnisse«, erklärt er, »werden immer erst einmal verworfen. Lassen Sie sich Zeit, und verdauen Sie das Ganze erst einmal.« In meiner Praxis denke ich mir zwar auch Probleme aus, gestalte sie aber bewusst so absurd, dass der Patient protestiert und letztlich damit herausrückt, was ihm wirklich zu schaffen macht.

2. Der Therapeut denkt sich Lösungen aus, die gar keine sind.

Manchmal ähneln Psychologen Ärzten, und zwar in dem Sinn, dass sie den Patienten auf gar keinen Fall ohne Rezept nach Hause schicken möchten. Sie präsentieren also Lösungen, die – bei näherer Betrachtung – keine sind. Man erkennt die Scheinlösungen meist an ihrer komplizierten theoretischen Struktur. Sie klingen etwa so: »Meiner Ansicht nach können Sie das Problem lösen, indem Sie Ihre Eltern aus der Distanz betrachten, so als wären sie lediglich Bekannte; auf diese Weise ändert sich Ihre Gemütslage, und Sie sind nicht mehr so leicht verletzlich, weil Sie sich emotional abschirmen.« Das klingt zwar toll, aber wahrscheinlich teilt der Patient dem Therapeuten in der nächsten Sitzung mit, dass die Lösung undurchführbar ist – was Sie, so nehme ich an, nicht verwundern wird.

Scheinlösungen gebe ich dem Patienten nur in stark übertriebener Form an die Hand, um zu erreichen, dass er sich herausgefordert fühlt, selbst nach einer praktikablen Lösung zu suchen – wenn es eine gibt.

3. Der Therapeut empfiehlt an sich geeignete Lösungen der falschen Person.

Die Redewendung »jeder Topf findet seinen Deckel« gilt auch für die Kombination Problem des Patienten/Lösung. Der eine profitiert, wenn er lernt, seine Unsicherheit zu bekämpfen, indem er selbstsicheres Verhalten einübt. Dem anderen hingegen ist mehr gedient, wenn er seine bereits vorhandene Bescheidenheit weiter ausbaut. An sich gute Lösungen können somit für manchen Patienten ungeeignet sein. Viele Therapeuten machen den Fehler, ihren Patienten Lösungen aufzudrängen, die sie für sich selbst als gut erkannt haben. Ich zum Beispiel habe mich dafür entschieden, öffentlich Vorträge zu halten, um mein Selbstvertrauen zu stärken. Diese Lösung wäre nun aber grundfalsch für jemanden, der dafür weder Lust noch Talent hat. Bäume fällen mag für Leute gut sein, die ihre Kondition verbessern wollen, ist aber kein guter Rat für jemanden, der keine Arme hat. Komplett ungeeignete Lösungen schlage ich nur in so absurder Form vor, dass der Patient sich veranlasst sieht, eine bessere Alternative dagegenzuhalten.

4. Der Therapeut erhebt den natürlichen Lebensschmerz zum Problem.

Der Mensch muss im Leben so manches durchstehen, und erlebt gute Zeiten und schlechte Zeiten. Heutzutage sind wir in der westlichen Welt so verwöhnt, dass wir Lösungen für Probleme suchen, die einfach zum Leben gehören. Psychologen beteiligen sich an dieser Modelaune, indem sie vom Patienten als Probleme dargestellte Sachverhalte auch als Probleme akzeptieren, etwa, wenn jemand erzählt, er sei deprimiert, weil er seine Stelle verloren habe. Ein anderer klagt vielleicht, dass die Verantwortung zu schwer auf ihm laste, nun da er nicht nur ein Kind, sondern gleich Drillinge bekommen habe.

Meiner Auffassung nach ist es die Aufgabe des Psychologen, den natürlichen Lebensschmerz nicht zum Problem zu erheben und den Patienten mit einem einfachen »Na und?« zu konfrontieren. Indem der Therapeut das immer wieder fragt, wird dem Patienten bald klar, dass er über etwas jammert, das nun einmal zum Leben dazugehört. Therapeuten, die sich dennoch berufen fühlen, an vermeintlichen Problemen herumzudoktern, ziehen einen Karren, den in Wirklichkeit der Patient selbst ziehen müsste.

5. Der Therapeut hält simple Äußerungen des Patienten für Probleme.

Sprache ist das Instrument, dessen sich Psychologen und Patienten im Kontakt miteinander bedienen. Es ist daher wichtig, dass der Therapeut darauf achtet, wie der Patient sich ausdrückt. Oft sieht er ein Problem, obwohl der Patient in Wirklichkeit nur eine Meinung äußert, etwas mitteilt oder einen Gedanken laut ausspricht. So sagt ein Patient beispielsweise: »Meine Mutter ist ausgesprochen schwierig im Umgang«,

»Mein Chef will immer Recht haben« oder »Ich finde, heutzutage ist jeder nur noch unverschämt.« Der Therapeut interpretiert das falsch, indem er die Worte: »Das Problem besteht also darin, dass …« davorsetzt. Und ehe man sich's versieht, wühlt man in etwas herum, das überhaupt kein Problem ist. Besser wäre es zu wiederholen, was der Patient wirklich gesagt hat, oder zu antworten: »Ich habe Ihre Ansicht zur Kenntnis genommen.« In den meisten Fällen wird der Patient irgendwann sagen: »Ach, ich wollte das einfach nur mal loswerden, es hat mich in letzter Zeit beschäftigt.« An diesem Punkt angelangt, frage ich: »Schön und gut, aber was ist nun Ihr wirkliches Problem?«

6. *Der Therapeut liefert Lösungen, um die er nicht gebeten wurde.*

Ein guter Therapeut ist ein engagierter Therapeut. Er muss sich nur davor hüten, an Dingen herumzudoktern, die nicht als Probleme benannt wurden. So kann es zum Beispiel ganz offensichtlich sein, dass ein Patient Probleme hat, weil seine Finanzen ein einziges Chaos sind. Ich als selbstständiger Psychologe werde natürlich darauf achten, dass ich trotzdem von ihm mein Honorar bekomme. Wenn der Patient sein Finanzchaos aber nicht als Problem ansieht, warum sollte ich das dann tun? Ungebetene Ratschläge kommen übrigens auch gar nicht gut an; nur Therapeuten, denen Zurückweisung nichts ausmacht, kann ich empfehlen, sich um Dinge zu kümmern, die sie nichts angehen.

7. Der Therapeut liefert Lösungen, obwohl die Zeit dafür noch nicht reif ist.

Alles zu seiner Zeit, so lautet eine Redensart, die auch für die psychologische Betreuung gilt. Man schickt eine Frau ja auch nicht zur Hebamme, wenn sie noch gar nicht schwanger ist, und einer Zehnjährigen Tipps zu geben, worauf sie zu achten hat, wenn sie in Rente geht, ist ebenso absurd. Trotzdem haben viele Therapeuten kein Gespür für das richtige Timing. Das kommt daher, dass sie die verschiedenen Lebensphasen zu wenig beachten. So kann es vorkommen, dass ein Patient über Erschöpfung klagt, weil er alles aufbieten will, um bei anderen einen guten Eindruck zu machen. Ist der Patient zwischen 25 und 45 Jahre alt, dann ist das eine völlig normale Sache. Und es kann nicht schaden, offen zu sagen: »Tja, Sie sind jetzt 33 und haben noch wenig geleistet, da ist es durchaus angebracht, sich ordentlich Mühe zu geben.« Auf diese Weise fühlt der Patient sich ernst genommen, zugleich wird aber deutlich, dass er noch nicht so weit ist, um sein »Problem« abzustellen.

8. Der Therapeut liefert Patienten Lösungen, die ihr Problem im Grunde genommen gar nicht loswerden wollen.

Viele Menschen hängen an ihrem Problem, manchmal so sehr, dass man meinen könnte, sie wären damit verheiratet. Sie jammern zwar, können sich aber auch nicht davon verabschieden. Es ist das gleiche Phänomen wie bei Paaren, bei denen Liebe und Hass sich die Waage halten. Die beiden können nicht miteinander, aber schon gar nicht ohne einander. Jeder gute Therapeut wird sich erst einmal bemühen herauszufinden, wie groß die Bereitschaft des Patienten ist, das Problem »loszulassen«. Erst dann überlegt er sich, welche Lösungen er anbieten könnte. Meine Überzeugung ist: Menschen haben nicht nur ein Recht auf Glück, sondern auch ein Recht auf Unglück. Es kostet den Therapeuten vielleicht einige Überwindung zu akzeptieren, dass manche Menschen ihr Elend lieben, aber dieses Phänomen gibt es nun einmal. Und mitunter ist ein Problem das Einzige, was ein Mensch hat. Ohne sein Problem wäre die Leere für ihn völlig unerträglich.

9. Der Therapeut löst das falsche Problem.

Patienten verfolgen nicht selten verborgene Ziele. Sie kommen zum Psychologen und geben etwa vor, ihre Beziehung verbessern zu wollen. In Wirklichkeit aber wollen sie bloß eine drohende Scheidung abwenden. Ein anderer Patient erscheint zur Sitzung, um sich Sozialleistungen zu sichern; wenn er nämlich sagt, er sei in Therapie, wird die Krankenkasse eher zustimmen, dass er weiterhin Krankengeld bekommt. Jeder Psychologe muss selbst entscheiden, ob er solche Spielchen mitmachen will. Ich entlarve solche Patienten lieber und sage, dass sie mich nur zu Problemen konsultieren können, die auch wirklich existieren.

10. Der Therapeut liefert Lösungen, die zu noch mehr Problemen führen.

Vom Regen in die Traufe: Therapeuten können sich auch Lösungen überlegen, die zwar gut klingen, in Wirklichkeit aber nur zu noch mehr Problemen führen. Ein bekanntes Beispiel ist der Psychologe, der seinem Patienten rät, immer zu sagen, was er denkt. Der Patient befolgt seinen Rat – und verliert daraufhin seine Stelle, seine Partnerin und seine Freunde. Ein guter Therapeut liefert deshalb für das empfohlene Mittel einen »Beipackzettel«, auf dem alle Nebenwirkungen verzeichnet sind. Ich rede zwar beispielsweise gern mit meinen Patienten über die rosa Wolken, auf denen Verliebte schweben, aber ich nenne auch Beispiele von Menschen, die durch die Macht der Liebe in der Psychiatrie gelandet sind. Eine Operation kann nötig sein, aber der Patient hat das Recht, darüber informiert zu werden, dass er keine Garantie bekommt, aus der Narkose wieder aufzuwachen.

Wie Sie bereits gelesen haben, bin ich der Meinung, dass nicht jedes Problem eine Lösung verdient. Nein, meiner Ansicht nach muss mich der Patient erst davon überzeugen, dass er ein echtes Problem hat, bevor er Hilfe bei der Lösung von mir erwarten kann. Vorausgesetzt, es geht um ein Problem, das überhaupt lösbar ist.

Einsicht ist die Voraussetzung für Veränderung

Einmal erzählte mir ein Patient von einer praktischen Vierereinteilung, die er bei einem Persönlichkeitsentwicklungstraining gelernt hatte. Sie ist so einfach, dass sie mich sofort angesprochen hat: unbewusst unfähig, bewusst unfähig, bewusst fähig und unbewusst fähig. Das Begriffsquartett bezieht sich auf schlechte Gewohnheiten: Erst macht man etwas falsch, ohne sich darüber im Klaren zu sein; dann macht man es weiterhin falsch, weiß aber, dass es falsch ist; anschließend übt man gezielt neues, konstruktiveres Verhalten ein, um schließlich besser zu funktionieren, ohne groß darüber nachdenken zu müssen.

Nehmen wir als Beispiel einen Mann, der seine besten Freunde vergrault. Er ist so extrem hilfsbereit, dass er die anderen damit regelrecht erstickt, aber das ist ihm nicht bewusst. Der Therapeut macht ihm den Sachverhalt klar, sodass er nun den Grund für seine Kontaktprobleme kennt. Daraufhin übt er neue Verhaltensweisen, indem er sein Engagement bezähmt, nur dann Dinge erledigt, wenn er ausdrücklich darum gebeten wird, und emotional ehrlicher ist, indem er immer auch mal sagt, was ihm nicht passt. Er übt das neue Verhalten so eifrig, dass er nach ein paar Monaten, ohne dabei noch groß nachzudenken, angemessener reagiert und seine wichtigsten Beziehungen nicht mehr gefährdet sind.

Das klingt gut und einfach. Insbesondere für den Psychologen scheint dieses Vorgehen der ideale therapeutische Weg zu sein: Man konfrontiere den Patienten mit seinen unbewussten persönlichen Fehlern, gebe ihm Instruktionen für ein neues Verhalten, und fertig ist die Laube. Wäre es nur so einfach! Das Schlüsselwort bei diesem Vorgehen heißt »Einsicht«, und darauf arbeiten Therapeuten auf der ganzen Welt hin, wahrscheinlich ohne sich dessen immer bewusst zu sein. Fragen Sie einen beliebigen Therapeuten, was er zu dem Phänomen »Einsicht« meint, und er wird sagen: »Einsicht ist eine Voraussetzung für Veränderung.« Diese Meinung ist so weit verbreitet, dass auch Patienten sie ins Gespräch bringen und etwa sagen: »Erst muss ich verstehen, warum ich Probleme habe, bevor ich etwas daran ändern kann.« Das klingt logisch. Ich allerdings bin der Ansicht, dass diese Sichtweise wenig hilfreich ist, und zwar aus folgenden Gründen:

1. Einsicht gewinnen ist eine gute Möglichkeit, Zeit zu schinden.
2. Einsicht gewinnen hilft, sich aus der Verantwortung zu stehlen.
3. Es ist viel eher so, dass Veränderung eine Voraussetzung für Einsicht ist.

Schauen wir uns diese Gründe genauer an:

1. Einsicht gewinnen ist eine gute Möglichkeit, Zeit zu schinden.

Die Suche nach den Ursachen für Probleme ist sowohl für den Therapeuten wie auch für den Patienten keine unangenehme Sache, weil man dabei vertraut miteinander reden, philosophieren und theoretisieren kann, ohne dass sich daraus irgendwelche Konsequenzen ergeben. Es erinnert mich an die Zeit, als meine Kinder noch klein waren und immer kurz vor dem Schlafengehen die schwierigste aller Fragen stellten: »Papa, warum müssen die Menschen sterben?« Wenn ich Lust hatte, nahm ich sie auf den Schoß, zwinkerte meiner Frau zu und begann zu erklären. Schien mir Strenge angebrachter, dann sagte ich: »Jetzt wird nicht mehr Zeit geschunden, ab ins Bett.«

So gesehen sind Patienten wie kleine Kinder: Immer dann, wenn etwas von ihnen erwartet wird, stellen sie Fragen wie: »Aber warum fühle ich mich dann immer so gedemütigt?«, »Wie kommt es nur, dass ich meinem Chef gegenüber so empfindlich reagiere?« oder »Was ist der Grund, dass ich nach außen so begeisterungsfähig wirke, mich in Wirklichkeit aber antriebslos fühle?«. Und der Therapeut spielt beim Zeitschinden mit, indem er ausführliche Vielleicht-Antworten formuliert: »Nun ja, vielleicht haben Sie sich in jungen Jahren so daran gewöhnt, anderen gefällig zu sein, dass Sie sich nie gefragt haben, was Sie selbst eigentlich wollen, und dadurch komplett die Orientierung verloren haben und die Depression einfach brauchten, um wieder zu sich selbst zu kommen… bla-bla-bla…« Zum Spiel mit unverbindlichen Worten ermuntert, reagiert der Patient mit vorsichtigen Einwänden wie:

»Ja, da ist schon was dran, aber wie erklären Sie dann die Tatsache, dass ich mich in den ersten Jahren meiner Ehe sehr gut gefühlt habe und genau wusste, was ich im Leben erreichen wollte?« etc. etc.

Als Therapeut spiele ich das Spiel scheinbar auch mit, aber auf stark übertriebene Weise: Ich liefere dem Patienten vollkommen absurde, wahnwitzige Erklärungen, sodass er begreift, dass ich keine Lust auf solches Geschwätz habe oder freundlicher ausgedrückt: damit ihm bewusst wird, dass es besser ist, nach einer konstruktiven Lösung für sein Problem zu suchen, als auf Zeit zu spielen.

So eine absurde Erklärung ist beispielsweise: »Meine Forschungen haben ergeben, dass Menschen wie Sie, ich meine, Menschen, die im Süden des Landes aufgewachsen sind, so viel Dialekt zu hören bekommen, dass sie letztlich eine kleine Hirnanomalie entwickeln und deshalb nicht mehr normal denken können.« Witzigerweise halten manche Patienten die absurdesten Erklärungen für wahr. Die meisten aber spüren an diesem Punkt sehr genau, was Sache ist: Nicht Worte sind gefordert, sondern Taten.

2. Einsicht gewinnen hilft, sich aus der Verantwortung zu stehlen.

Sich psychologische Einsicht in das eigene Tun und Lassen zu verschaffen, ist keineswegs immer Zeitverschwendung. Selbstverständlich kann die Kenntnis des Wie und Warum eine Besserung der Situation bewirken. Und wenn ich einen Patienten so einschätze, dass er daraus einen Vorteil ziehen kann, ge-

Sie sehen aber gut aus!
Als wir uns das letzte Mal getroffen haben,
waren Sie fix und fertig.
Ich hatte zu viel
am Hals.
Zum Glück ist mir rechtzeitig klar geworden,
dass ich mich nur mit wirklich wichtigen Dingen
beschäftigen darf.
Also habe ich den
Zeitmanagement-Kurs aufgegeben.

stalte ich meine Intervention so, dass sie ihm zur Einsicht verhilft. Vor kurzem sagte ein Patient am Anfang der Sitzung zu mir: »Ich würde gern eine eigene Firma gründen, aber ich komme einfach nicht dazu.« Worauf ich antwortete: »Das kommt daher, dass Ihre Frau Sie unter Druck setzt. Männer denken immer, sie wollten etwas Bestimmtes und merken gar nicht, dass in Wirklichkeit die Ehefrau ihnen das einflüstert.« Nach kurzem Zögern sagte er: »Hmmm, Sie haben wohl Recht, ich selbst bin ja ganz zufrieden mit meinem Job. Jetzt muss ich also nur noch den Mut finden, meiner Frau zu sagen, dass mir der Sinn nicht danach steht, eine eigene Firma zu gründen.«

Dennoch bietet die Suche nach der psychologischen Wahrheit auch tausend Fluchtwege aus der eigenen Verantwortung. Reden ist unverbindlicher und sicherer als tatsächlich etwas unternehmen, und oft gehen Therapeut und Patient gemeinsam den Weg des geringsten Widerstandes. Süchtige beispielsweise machen sich diese Möglichkeiten zunutze und sagen zu Beginn der Therapie oft: »Wenn ich herausfinde, warum ich alkohol-/spiel-/sexsüchtig bin, kann ich aufhören.« Diese Patienten schicke ich mit den Worten weg: »Kommen Sie wieder, wenn Sie einen Monat lang clean sind, dann können wir über die Probleme sprechen, die Sie mit dem Entzug haben.«

Nur zu oft aber erweisen sich gerade diese Leute als Meister im Erfinden von wohlklingenden entlastenden Erklärungen wie etwa: »Ich bin süchtig, weil ich mich nicht wirklich selbst liebe.«, »Ich kann nicht arbeiten, weil etwas in meiner Vergangenheit mich blockiert.« oder »Ich möchte so gern am gesellschaftlichen Leben teilnehmen, aber erst muss ich mir die Ursache meiner destruktiven Neigungen bewusst machen.«

Lässt sich der Therapeut darauf ein, verstärkt er lediglich den Mangel an Verantwortungsgefühl beim Patienten.

3. Es ist viel eher so, dass Veränderung eine Voraussetzung für Einsicht ist.

Wer seit Jahren unfallfrei fährt, hält sich irgendwann für unverwundbar, ohne dass er sich dessen bewusst ist. Erst wenn ein Unfall passiert, wird ihm klar, dass da Gefahren lauern. Raucher wissen sehr wohl, dass sie ungesund leben, bedauerlicherweise bringt aber oft erst die Diagnose Krebs sie zur Einsicht. Es ist also nicht grundsätzlich so, dass Einsicht zu Veränderung führt, sondern eher andersherum: Veränderung führt zu neuer Einsicht. Dieses Phänomen zeigt sich, wenn jemand die Stelle, den Partner oder den Wohnort wechselt. Dann hört man Sätze wie: »Erst jetzt wird mir klar, wie wenig ich in meiner früheren Firma/Beziehung/Umgebung geschätzt wurde; jetzt und hier geht es mir um Längen besser.«

»Bewusstwerdung« ist ein Wort, das Psychologen gern im Munde führen, aber seien Sie versichert, dass bei Menschen, die immer nur in ihrer vertrauten (Gedanken-)Welt kreisen, in dieser Hinsicht wenig zu erreichen ist. Sie hören, merken, fühlen und denken immer nur das Gleiche. Aus diesem Grund ist es wichtig, dass der Therapeut seine Interventionen möglichst abwechslungsreich gestaltet. Ganz hervorragend eignet sich dafür der provokative Stil, eine Mischung aus Humor, Herausforderung und echtem Kontakt. Sagt zum Beispiel jemand, er sei völlig nutzlos, wird er in der Regel von anderen hören, das sei ganz und gar nicht so, woraufhin er den Zuspruch in Gedanken – wie er es gewohnt ist – wieder entkräftet. Der provokative Therapeut geht anders vor. Er gibt dem Betreffenden in allem Recht und setzt notfalls noch eins drauf: »Wahrscheinlich sind Sie so nutzlos, dass Sie nicht mal als Schuhputzer eine Chance hätten.«

Die natürlichste Reaktion auf solche Äußerungen ist Widerspruch, das heißt, der Patient kommt von selbst zu der Einsicht, dass er sehr wohl etwas zu bieten hat. Wir müssen nicht nach Afrika gehen, um zu begreifen, wie gut wir es in Westeuropa haben – dennoch: Ein Jahr in Armut leben verhilft zu mehr Einsicht als jede theoretische Betrachtung.

Einsicht verschaffen bzw. gewinnen spielt sich nicht ausschließlich im Sprechzimmer des Psychologen ab. Auch im Alltag versuchen wir, einander mit Bemerkungen wie: »Merkst du nicht, dass du zu aufdringlich bist und dadurch andere abstößt?«, »Ich habe den Eindruck, Ihnen geht es mehr ums Geld als um die Zusammenarbeit!« oder »Jetzt, wo ich dich seit einer Weile kenne, finde ich, dass du nicht gerade motiviert bist«, zur Einsicht zu bringen. Natürlich können solche persönlichen Konfrontationen durchaus die eine oder andere konstruktive Veränderung bewirken, in der Regel aber passiert das Gleiche wie in der Therapie: Die Leute nicken bestenfalls, sagen »ja ja« und machen dann weiter wie gewohnt. Das ist verständlich, weil Worte nun mal unverbindlich sind. Nur eine tatsächliche Veränderung der Haltung oder des Verhaltens kann bei den »Mitspielern« Gleiches bewirken.

Jeder Mensch ist einzigartig

Kein Fingerabdruck gleicht exakt dem anderen, und sogar eineiige Zwillinge kann man voneinander unterscheiden. Jeder Mensch ist absolut einzigartig, aber noch wichtiger ist: Der Mensch hört auch sehr gern, dass er einzigartig ist. Diesen Umstand nutzen die Psychologen, um sich schadlos zu halten. In ihrem Sprechzimmer sind Telefon und Fax abgeschaltet und die Türen geschlossen. Sie schaffen eine Atmosphäre von Exklusivität, denn in jeder Therapiestunde soll der Patient voll zu seinem Recht kommen. Und grundsätzlich falsch ist das ja auch nicht, und sei es nur, damit man in aller Ruhe unter vier Augen ein fruchtbares Gespräch führen kann. Ein Psychologe wird selten ausdrücklich zu einem Patienten sagen: »Einen so einzigartigen Menschen wie Sie habe ich noch nie getroffen.« Aber implizit lässt er das im Kontakt sehr wohl anklingen und vermittelt dem Patienten den Eindruck, er wäre ein ganz besonderes Exemplar seiner Gattung.

Ich wende mich dagegen, und zwar aus dem einfachen Grund, weil es nicht stimmt. Jede menschliche Emotion ist universell, und was Menschen im Leben so begegnet, zeigt mehr Übereinstimmungen als Unterschiede. Sehen wir uns die Institution Ehe an: Bei näherer Betrachtung dieser Beziehungsform lassen sich vorhersagbare Phasen erkennen, die jedes

Paar früher oder später durchläuft. Zudem machen Männer auffallend oft die gleichen Erfahrungen mit ihren Lebenspartnerinnen, und Frauen kommt es häufig sehr bekannt vor, was Freundinnen über die Beziehung zu ihren Männern erzählen. Jeder Mensch sucht nach Liebe und Geborgenheit, und jeder muss aufpassen, dass er nicht vom Bösen verleitet wird.

Ich prangere nicht nur die »Jeder-Mensch-ist-einzigartig-Philosophie« als unwahr an, sondern betone auch – und das ist mir noch wichtiger –, dass dieser Ansatz antitherapeutisch wirkt, und zwar aus folgenden Gründen:

1. Exklusivität vermindert das Relativierungsvermögen des Patienten.
2. Exklusivität untergräbt die Selbstständigkeit des Patienten.
3. Exklusivität schirmt den Therapeuten gegen gesunde Kritik ab.

Ich möchte diese Punkte verdeutlichen:

1. Exklusivität vermindert das Relativierungsvermögen des Patienten.

Traditionell arbeitende Psychologen haben die Gewohnheit, auf jede Äußerung des Patienten ausführlich einzugehen. Da wird immer wieder nach dem Wie und Warum gefragt und dem Patienten Gelegenheit gegeben, seine Geschichte in allen Einzelheiten zu erzählen. Verständlich, denn der Patient zahlt dafür, dass er für all das, was ihm zu schaffen macht, exklusive Aufmerksamkeit bekommt. Trotzdem halte ich das für kontraproduktiv. Stellen Sie sich einmal vor, ein Patient beginnt mit den Worten: »Ich mache mir große Sorgen um meinen ältesten Sohn.« Der Therapeut fragt – aus der Überzeugung heraus, jeder Mensch sei einzigartig – nach Details: »Welcher Art sind Ihre Sorgen? Nennen Sie doch einmal ein Beispiel. Halten die Sorgen Sie nachts wach? Reden Sie mit Ihrer Frau darüber, und was sagt sie denn dazu?« etc.

Bei diesem Vorgehen wird jeder einzelne Aspekt des Problems unter die Lupe genommen, sodass das Ganze, die Sorge als solche, noch mehr Gewicht bekommt. Der Therapeut vermittelt dem Patienten dabei die Botschaft: »Ihr Problem ist höchst speziell und erfordert daher eine ganz spezielle Behandlung.« Das Resultat sieht nicht selten so aus, dass der Patient nun noch mehr Grund zur Sorge hat als vorher und deshalb nicht in der Lage ist, seine Situation zu relativieren, d. h. im richtigen Verhältnis zu betrachten.

Der Therapeut könnte das Gespräch aber auch aus dem entgegengesetzten Blickwinkel (dem Universalitätsprinzip) betrachten und auf den Satz des Patienten »Ich mache mir große Sorgen um meinen ältesten Sohn« entsprechend antworten: »Dazu sind Eltern nun mal da«, »Jungen machen immer mehr Schwierigkeiten als Mädchen« oder »Kleine Kinder, kleine Sorgen – große Kinder, große Sorgen«. In diesem Fall muss sich der Patient Mühe geben, zu begründen, dass es bei ihm um ein einzigartiges Problem geht, das spezielle Behandlung verdient.

Theoretisch gibt es zwei Resultate. Erstens: Der Patient kann nicht überzeugen und gibt zu, dass Eltern immer Anlass zu Sorgen haben. Oder zweitens: Der Patient kann überzeugen, und der Therapeut gibt zu, dass in seinem speziellen Fall eine Behandlung erforderlich ist.

Wie gesagt, *theoretisch* gibt es diese beiden Resultate; in Wirklichkeit läuft es jedoch fast immer auf die erste Variante hinaus. Wenn Patienten in meiner Praxis über »universelle Probleme« jammern, sagen sie oft nach der ersten Viertelstunde: »Sie geben mir irgendwie das Gefühl, dass ich gar kein echtes Problem habe, weil das mehr oder weniger alle Leute umtreibt.« Ich sage darauf offen: »Ja, das stimmt«, und frage, was denn nun den geschilderten Fall so speziell mache. Kann der Patient mir keine überzeugende Antwort geben, frage ich ganz unverblümt: »Gut, haben Sie sonst noch ein Problem, ich meine, ein echtes?«

Selbstverständlich ist es nicht meine Absicht, Patienten abzukanzeln oder zu demütigen. Ich möchte sie vielmehr anregen, ihr Leben, ihr Leiden, ihr Menschsein auf gesunde Weise zu relativieren. Würde ich auf ihre vermeintliche Einzigartigkeit abheben, würde ich dieses Streben untergraben und die »Therapie« unnötig verlängern.

2. Exklusivität untergräbt die Selbstständigkeit des Patienten.

Von wesentlicher Bedeutung im therapeutischen Prozess ist das Vertrauensverhältnis zwischen Therapeut und Patient. Der Patient kann seinem Therapeuten ohne jeden Vorbehalt alles sagen und sich darauf verlassen, dass nichts davon Dritten zu Ohren kommt. Die therapeutische Beziehung hat deshalb auch besondere Kennzeichen: Der Therapeut ist nur für den Patienten da und gibt ihm, was er an Aufmerksamkeit,

Wissen und Hilfe zu bieten hat, ohne Gegenleistung (abgesehen vom Honorar). Das Problem besteht nun darin, dass Therapeuten die Exklusivität der Beziehung übertreiben, sodass sich eine große Kluft zwischen dem sicheren Sprechzimmer und der unsicheren Außenwelt auftut; nicht selten werden Patienten geradezu abhängig von ihrem Therapeuten und behaupten: »Er ist der Einzige, der mich wirklich versteht!« Diese Abhängigkeitsbeziehung ist eine feine Sache für das Konto des Therapeuten, und wenn es dem Patienten das wert ist, gibt es daran wenig auszusetzen. Fakt ist aber, dass die exklusive Behandlung die Selbstständigkeit des Patienten untergräbt.

In meiner Praxis habe ich deshalb bewusst folgende Maßnahmen getroffen: Der Patient kommt und geht durch ein und dieselbe Tür zum Wartezimmer und sieht somit, dass er nicht als Einziger bei mir in Behandlung ist. Ich nehme grundsätzlich selbst das Telefon ab, auch während der Sitzungen, damit der Patient merkt, dass auch noch andere mich zwischendurch brauchen. Jede Sitzung wird auf Video aufgenommen, und ich gebe die Kassette dem Patienten mit den Worten: »Zeigen Sie das ruhig Ihren Freunden und Bekannten und berichten Sie mir nächstes Mal, was die dazu meinen.« Auch im Gespräch selbst lasse ich keine Gelegenheit aus, meine universelle Sicht zu betonen: »Typisch Frauen, immer wollen sie …«, »Fast alle meine Patienten klagen über …« oder »Der Mensch ist nun mal so, dass …«

Das Ziel ist klar: Ich möchte den Patienten zur Selbsthilfe animieren. Auf gar keinen Fall will ich ihm den Eindruck vermitteln, ich wüsste als Einziger alle Antworten oder könnte ihn als Einziger verstehen. Mehr noch: Je eher er begreift, dass auch ich ihn vielleicht nicht in jeder Hinsicht verstehe und dass er mein Verständnis auch gar nicht braucht, um im Leben zurechtzukommen, desto besser: Ein guter Therapeut sorgt dafür, dass seine Patienten möglichst schnell wieder auf eigenen Beinen stehen.

3. Exklusivität schirmt den Therapeuten gegen Kritik ab.

Die exklusive Atmosphäre im Sprechzimmer, der Schutz der Privatsphäre des Patienten und die Bedeutung des Vertrauensverhältnisses zwischen Therapeut und Patient stehen nie zur Diskussion. Das ist einerseits verständlich, weil diese Praxisregeln seit jeher als Voraussetzung für eine adäquate psychologische Betreuung gelten. Aber es ist auch so, dass dadurch kein Außenstehender je einen Psychologen in Aktion erleben kann. Das war zu Freuds Zeiten so, und so ist es noch heute. Meiner Erfahrung nach kommt das den meisten Therapeuten auch sehr entgegen. Schließlich kann ihnen dann niemand auf die Finger schauen, und sie brauchen sich nicht zu rechtfertigen, allenfalls manchmal dem Patienten gegenüber.

Ich erinnere mich gut, wie entrüstet mein erster Supervisor war, als ich sagte, ich fände es toll, wenn ich mir seine Arbeitsweise einmal ansehen könnte, indem ich bei einer Therapiesitzung hospitiere. Ärgerlich sagte er: »Der Patient hat ein Recht auf exklusive Behandlung und Vertraulichkeit, und die therapeutischen Regeln lassen keine Topfgucker zu.« Als ich vorschlug, ich könnte mir ja eine Tonaufnahme einer Sitzung anhören, lehnte er ebenfalls ab. Da wurde mir klar: Mein Lehrmeister traute sich nicht, mir seine (Un-)Kenntnis zu demonstrieren, und das, obwohl er seinerseits erwartet, dass die Patienten sich ihm mit all ihren guten und schlechten Seiten offenbaren. Das Credo »Jeder Mensch ist einzigartig und verdient exklusive Aufmerksamkeit« wird daher von Psychologen auch missbraucht, um eigene Unzulänglichkeiten zu verbergen.

Ich selbst habe großes Vergnügen daran, in Kollegenkreisen meinen provokativen Arbeitsstil offen zu legen. Auch würde ich die Medien nicht scheuen und landesweit zeigen, wie Therapie aussehen kann – vorausgesetzt natürlich, ich hätte die Einwilligung der betreffenden Patienten. Erstaunlicherweise haben viele Menschen keine großen Schwierigkeiten damit, ihre Seelenregungen vor Publikum zu offenbaren. Defensiv und verschlossen sind viel eher die Therapeuten. Das Schöne an öffentlichen Therapiesitzungen ist, dass sich jedes Mal aufs Neue erweist, dass das Persönlichste letztlich sehr universell ist. Jeder Mensch ist einzigartig, das stimmt, aber wenn man in aller Offenheit und Ehrlichkeit miteinander redet, entdeckt man mehr Gemeinsamkeiten als Unterschiede.

Es geht ums Prinzip

Psychologen lernen in ihrer Ausbildung, sich im Umgang mit ihren Patienten freundlich, konstruktiv, verträglich und positiv zu geben. Im Grunde genommen ist diese Haltung nicht falsch, denn Hilfe für den Mitmenschen ist nun einmal dann besonders wirkungsvoll, wenn sie mit Zuwendung verbunden ist. Es kommt daher äußerst selten vor, dass ein Therapeut in Wut gerät, verletzend wird oder auf andere Weise negativ reagiert. Das ist ebenfalls nicht falsch, denn das Gefühlsleben des Therapeuten ist gegenüber dem des Patienten zweitrangig. Dennoch wirkt sich die Tatsache, dass der Therapeut emotional instabilen Menschen seelischen Beistand leistet, in der Regel seltsam auf ihn aus. Sein Denken ist vom Streben nach Harmonie geprägt, und er verhält sich seinen Patienten gegenüber übermäßig freundlich, nachgiebig und verständnisvoll. Sowohl im Sprechzimmer als auch im Privatleben sieht er die Dinge durch eine rosa Brille, und sein gesamtes Wollen und Streben ist darauf gerichtet, zu kooperieren, konstruktiv zu denken und Lösungen zu finden. Auch das scheint nicht falsch zu sein, ist es aber.

Abgesehen davon, dass mancher Therapeut irgendwann völlig ausgebrannt ist, weil er immer nur gibt und nichts fordert, wird er außerdem blind für das Schlechte im Menschen – sowohl bei anderen, wie auch bei sich selbst. Und das wiederum hat zur Folge, dass er blind für Machtspiele, Manipulationen und andere Manöver wird, mit denen Menschen versuchen, einander auszutricksen. Wenn Sie einen beliebigen Therapeuten fragen, ob es ums Prinzip oder um die Details gehe, antwortet er mit Sicherheit: »Es geht ums Prinzip.« Eine schöne Vorstellung, die aber leider nicht der Wirklichkeit entspricht.

Ich selbst stelle immer wieder fest, dass es vor allem um die Details geht; und wenn das Prinzip damit in Einklang steht – wunderbar. Menschen verlieren nicht gern etwas und streben stets nach Gewinn – wenn irgend möglich, auf elegante Weise, notfalls aber auch plump. Der Mensch ist habgierig und ergreift jede Gelegenheit zur materiellen und immateriellen Bereicherung. Dieses Phänomen beobachten wir in jeder Form von Beziehung, selbst bei engen Freundschaften: Auch da geht es immer um Eigeninteressen, und man wendet sich voneinander ab, wenn nichts mehr zu holen ist. Die Blindheit und Taubheit von Leuten in psychosozialen Berufen für den ewigen Machtkampf zwischen Menschen hat dazu geführt, dass man ihr Metier als *»soft sector«* oder abfällig als Teesockenkultur bezeichnet. Das ist nicht nur schade, sondern hat auch fatale Auswirkungen auf die Betreuung von Patienten.

Damit die Lage sich verbessert, müssen sich Therapeuten Folgendes klar machen:

1. Auch im Sprechzimmer finden Machtspiele statt.
2. Wenn der Therapeut sagt, was er denkt, ist das nicht nur für ihn, sondern auch für den Patienten befreiend.

3. Indem der Therapeut den Anwalt des Teufels spielt, kann er das Gute im Menschen hervorlocken.
4. Die Sprache der Macht wappnet den Patienten gegen die »böse Außenwelt«.

Betrachten wir die vier Punkte wieder im Detail:

1. Auch im Sprechzimmer finden Machtspiele statt.

Patienten sind keine Engel; sie spielen im Sprechzimmer die gleichen Spiele wie zu Hause und bei der Arbeit. Der Psychologe sollte seine Patienten daher zumindest spüren lassen, dass er diese Spiele kennt. Das ist therapeutisch wichtig, weil die direkte Konfrontation den Ton angibt, der für den Erfolg der weiteren Sitzungen nötig ist. Ich habe die Gewohnheit, Manipulationsversuche schon am Telefon – wenn der erste Termin vereinbart wird – abzuschmettern. So rief neulich ein Mann bei mir an und sagte: »Mein Hausarzt meint, ich solle mal bei Ihnen vorbeigehen.« Eine scheinbar harmlose Bemerkung, die inhaltlich durchaus stimmen kann. Meine Antwort lautete: »Das hört sich an, als würden Sie gegen Ihren Willen hergeschickt; hat Ihre Frau da vielleicht auch noch die Hand im Spiel?« Er lachte und meinte: »Nein, es sind vor allem die Kinder, und der Hausarzt hat ins selbe Horn gestoßen.« Als ich darauf beharrte, es habe keinen Sinn, sich Therapiegespräche aufnötigen zu lassen, betonte er mehrmals, er selbst sei durchaus motiviert. Neugierig geworden sagte ich: »Das interessiert mich nun wirklich, weshalb ein Vater glaubt, seine Kinder hätten Recht.« Er schloss das Gespräch ab, indem er sehr entschlossen sagte, das würde er mir demnächst bei unserem Termin genau erklären.

Das Machtspiel im Sprechzimmer nimmt mitunter auch die Form von Manövern an: Der Patient versucht, dem Therapeuten zu imponieren, ihn zu überfahren oder zu testen, um herauszufinden, wer das Sagen hat. Bemerkungen wie: »Eigentlich halte ich nichts von Seelenklempnern«, »Ist ja ziemlich chaotisch hier« oder »Wenn es mir nicht so schlecht ginge, wäre ich nicht gekommen, denn Ihr Honorar scheint mir doch extrem hoch«, fallen in diese Kategorie.

Geht der Therapeut in die Defensive, hat er das Spiel verloren und ist für den Patienten unglaubwürdig geworden. Gewinnen kann er nur, indem er den Seitenhieb so pariert, dass dem Patienten klar wird, dass er das Spiel durchschaut. Auf Bemerkungen wie die oben angeführten antworte ich: »Stimmt, die Seelenklempner ticken selbst alle nicht richtig und kommen im Leben vorn und hinten nicht zurecht; verlassen Sie sich lieber auf sich selbst«, oder »Sie haben Recht – ich bin ein Hungerleider. Darf ich einen Kollegen empfehlen, der Ihnen ein edleres Ambiente bieten kann?« und »Ja, ich bin viel zu teuer, das weiß ich, aber zum Glück gibt's ja auch Einrichtungen, die umsonst tätig werden. Soll ich für Sie bei der Bahnhofsmission anrufen?« Spielen Sie als Therapeut mit, und spielen Sie besser als Ihre Patienten – und Sie gewinnen. Nur dann haben Sie eine Chance, als Berater respektiert zu werden.

2. Wenn der Therapeut sagt, was er denkt, ist das nicht nur für ihn, sondern auch für den Patienten befreiend.

Der Psychologe ist kein Roboter, der nur positiv und konstruktiv denkt und laufend Ermunterungen ausspuckt. Genau wie der Patient ist er auch nur ein Mensch und hat seine eigenen Ärgernisse und Sorgen und seine persönlichen Reaktionsmuster im therapeutischen Kontakt. Wenn er alles, was er selbst denkt, unterdrückt oder zurückhält, läuft er nicht nur Gefahr, irgendwann emotional ausgebrannt zu sein, sondern er enthält dem Patienten auch die Möglichkeit eines echten Kontakts vor.

Selbstverständlich geht es den Patienten nichts an, ob der Therapeut zu Hause Krach hat oder sich finanziell übernommen hat. Aussagen darüber haben im Sprechzimmer nichts zu suchen.

Es geht vielmehr darum, dass der Therapeut persönlich auf den Patienten reagiert und damit zeigt, dass er bei der Sache ist. Wenn ein Patient beispielsweise nur rummäkelt, mit leiernder Stimme vor sich hinschwafelt, abgelenkt, konfus oder reizbar ist, halte ich ihm sozusagen den Spiegel vor, indem ich gähne, aus dem Fenster gucke, und selbst anfange, konfus oder im Leierton zu reden usw.

Das ist nicht nur befreiend für den Therapeuten, sondern wird auch vom Patienten als emotional ehrlich empfunden. Der Therapeut wird dadurch ein Mensch aus Fleisch und Blut, auf den er Rücksicht zu nehmen hat. Wenn ein Patient zum Beispiel behauptet, er schreibe einwandfreie Bewerbungen und werde auch öfter zu Vorstellungsgesprächen eingeladen, und der Therapeut denkt: »Na, wenn du dann so rumlümmelst wie jetzt, wird das nichts!«, dann sollte er das auch unverblümt sagen. Diese Ehrlichkeit bringt nur Vorteile: Der Therapeut braucht nichts runterzuschlucken, und der Patient bekommt als Gegenleistung für sein Geld deutlich zu hören, wie er wirkt. Wer in der harten Wirklichkeit bestehen will, muss auch im Sprechzimmer überzeugen können, und es ist die Aufgabe des Therapeuten, ihn dazu herauszufordern.

3. Indem der Therapeut den Anwalt des Teufels spielt, kann er das Gute im Menschen hervorlocken.

Das Machtspiel im Sprechzimmer läuft, vereinfacht ausgedrückt, so: Der Patient sagt allerlei Negatives, und der Therapeut versucht, mit Positivem dagegen anzugehen. Oft verliert der Therapeut das Spiel, denn nichts ist so gut, dass es nicht auch eine schlechte Seite hat.

Depressive Patienten spielen bei diesem Spiel in der Ober-

liga: Was auch immer der Therapeut aufs Tapet bringt, dem Patienten fällt dazu ein »ja, aber« ein, das die Aussage untergräbt. Aber wie man es auch dreht und wendet – es ist und bleibt der Patient, der lernen muss, sich selbst, andere und das Leben an sich positiv zu sehen. Es empfiehlt sich daher, die Rollen einfach umzudrehen. Wenn der Therapeut die Dinge noch negativer darstellt als der Patient, führt das zu verblüffenden Resultaten: Beim Patienten regt sich dadurch ein natürlicher Widerstand, und plötzlich ist *er* es, der die Dinge in positivem Licht darstellt. Die Kunst besteht also darin, den Anwalt des Teufels zu spielen. Ein Beispiel:

P(atientin): »Ich habe immer Pech in der Liebe.«
T(herapeut): *»Ich an Ihrer Stelle würde mich auf nichts mehr einlassen; die halbwegs passablen Männer sind verheiratet, und übrig bleiben nur die Blindgänger mit Bindungsangst.«*

P.: »Stimmt, aber ich möchte nicht für den Rest meines Lebens allein bleiben.«

T.: *»Legen Sie sich doch einen Hund zu, der ist treu, anhänglich und leicht zu dressieren.«*

P.: »So pessimistisch bin ich denn auch wieder nicht; meine Scheidung macht mir nur mehr zu schaffen als mir lieb ist.«

4. Die Sprache der Macht wappnet den Patienten gegen die »böse Außenwelt«.

Der traditionell arbeitende Psychologe drückt sich in der Regel vorsichtig aus, wenn es um Menschen und ihre Beziehungen geht. Er wird Begriffe verwenden wie »Umsicht«, »Gemeinsamkeiten«, »Win-Win-Situation«, »Diskussion« oder »Begegnung«. Ohne es zu merken, bedient er sich einer Sprache, die ein übertrieben positives und unrealistisches Bild der »menschlichen Landschaft« und ihrer inneren Zusammenhänge zeichnet. Das führt dazu, dass die Patienten sich schlechter schützen können, weil sie ebenso blind für üble Zeitgenossen und deren Absichten werden wie der Therapeut. Ich selbst bevorzuge eine klare, harte Sprache und benutze Wörter wie »Mannweib«, »Diktatur«, »Unterdrückung«, »Rache«, »Kampf«, »Messer raus!« oder andere Schlachtrufe. So sage ich zu einem Typen, der sich überall einschleimt, nicht etwa: »Sie wirken wie jemand, der anderen wenig Raum lässt«, sondern: »Ihre Freundlichkeit ist so erstickend, dass ich nach unserem Gespräch erstmal eine Stunde ans Beatmungsgerät muss.«

Nur so wird dem Patienten klar, wie es in unserer Gesellschaft wirklich läuft. Er hat nichts davon, wenn er glaubt, Liebe und Friede prägten das Zusammenleben der Menschen. Wer die Sprache der Macht kennt, weiß sich besser zu schützen. Und das ist letztlich ein wesentliches therapeutisches Ziel bei den meisten Patienten: dass sie seelisch und in Beziehungen zu anderen belastbarer werden.

Menschen sind unergründlich

Der Psychologe ist wissenschaftlich ausgebildet. Das bedeutet, dass er nicht Stellung nehmen darf, bevor er nicht alle Fakten untersucht hat. Auch Mediziner gehen so vor: Erst wird der Patient von Kopf bis Fuß durchgecheckt, danach die Diagnose gestellt. Mit dem Gedanken »Jeder Mensch ist einzigartig« im Hinterkopf meint der Therapeut, jeder Patient müsse individuell beurteilt werden. Auf den ersten Blick scheint das ein gutes und mit Sicherheit gründliches Vorgehen zu sein. Die meisten Therapeuten führen deshalb mit ihren Patienten zunächst mehrere Aufnahmegespräche, bevor sie ihre Diagnose stellen – und dann ist meist noch offen, wie die Behandlung aussehen soll. Das therapeutische Handeln muss warten, bis der Therapeut weiß, was und wie er behandeln muss. In der Aufnahmephase fragt er nach allerlei Details und Beispielen und erstellt manchmal sogar einen kompletten Lebenslauf des Patienten, anhand dessen er das komplexe Problem des Menschen dahinter zu ergründen sucht.

Aber dieses Vorgehen ist – so widersprüchlich das auch klingen mag – in hohem Maße antitherapeutisch. Die Gründe dafür liegen auf der Hand:

1. Menschen betrachten sich selbst gern als komplex und werden darin unberechtigterweise bestätigt.
2. Das tastende Vorgehen des Therapeuten suggeriert Unsicherheit, und das nutzen die Patienten aus.
3. Je mehr man über den Patienten weiß, desto schwieriger wird es zu intervenieren.
4. Je länger der Therapeut die Intervention hinausschiebt, desto mehr Macht verliert er.
5. Je weiträumiger der Therapeut im Leben des Patienten gräbt, desto größer ist die Gefahr, dass er das nächstliegende Problem übersieht.

So weit der Überblick. Nun zu den einzelnen Punkten:

1. Menschen betrachten sich selbst gern als komplex und werden darin unberechtigterweise bestätigt.

Es schmeichelt unserer Eitelkeit, wenn andere sagen, wir seien eine »komplexe Persönlichkeit«, und Attribute, die Oberflächlichkeit, Schlichtheit oder Vorhersagbarkeit suggerieren, empfinden wir als kränkend. Der Mensch möchte lieber hören, er sei kompliziert und unergründlich. Und seltsamerweise machen viele Therapeuten dieses Spiel mit, indem sie dem Patienten nach dem Mund reden. Natürlich gibt es Menschen mit abenteuerlichen Lebensläufen oder einem komplizierten Beziehungsgeflecht. Und allein dadurch, dass der Therapeut dies mit detaillierten Fragen zu ergründen sucht, fühlt sich der Patient in der Überzeugung bestätigt, er führe ein spannendes Leben und wirke unergründlich.

Meine Erfahrung ist allerdings, dass Menschen trotz aller komplexen Geschichten, die sie zum Besten geben, nur selten unergründlich sind. Sie agieren und reagieren vorhersagbar und sind relativ einfach zu analysieren. Sagen Sie zu irgend jemandem, er sei unergründlich, und er fühlt sich geschmeichelt – ein Kinderspiel. Aber auch in anderen Bereichen gibt es wenig Neues unter der Sonne: Depressive Menschen haben im Großen und Ganzen die gleichen Beschwerden, Männer sind leichter zufrieden zu stellen als Frauen, und bestätigen und übertreiben Sie die Kritik, die jemand an sich selbst äußert, dann widerspricht er sofort. Eltern ist immer mehr an ihren Kindern gelegen als umgekehrt, so gut wie niemand hört richtig zu, und Verheiratete leben länger als Singles.

Es geht mir hier aber gar nicht so sehr um universelle Wahrheiten über den Menschen. Wichtiger für den Therapeuten ist es, seinen Patienten ein gewisses Realitätsbewusstsein nahe zu bringen, indem er von Anfang an durchblicken lässt, dass ihm die Muster, nach denen der Mensch funktioniert und interagiert, so vertraut sind wie seine Westentasche. Das ruft beim Patienten zunächst Entrüstung hervor – letztlich aber entwickelt er auf diese Weise mehr Vertrauen in die Fachkenntnis des Therapeuten.

2. Das tastende Vorgehen des Therapeuten suggeriert Unsicherheit, und das nutzen die Patienten aus.

Die meisten Therapeuten werden wohl nicht von sich behaupten, sie seien unsicher. Und in den meisten Fällen ist dem auch nicht so. Tatsache ist aber, dass viele Therapeuten so vorsichtig und tastend vorgehen, dass sie unsicher wirken; unabsichtlich zwar, aber dennoch. Das führt zu Problemen, weil Patienten – bewusst oder auch nicht – diese vermeintliche Unsicherheit missbrauchen. Wie? Indem sie sich lang und breit über unwichtige Details auslassen, immer wieder neue Fakten aufs Tapet bringen oder nach Belieben das Thema wechseln. Aus jeder Frage des Therapeuten mit dem Tenor »Wie meinen Sie das?«, »Ist das nicht ein Widerspruch?«, »Können Sie mir sagen, was das mit Ihren bisherigen Aussagen zu tun hat?« oder »Erklären Sie doch einmal, wie Sie sich genau fühlen.« spricht zwar ein hohes Maß an Engagement für den Patienten, aber zugleich bekommt Letzterer dadurch zu viel Raum, in dem er unkoordiniert agieren kann. Ich bin selbst des Öfteren in diese Falle getappt, und mehr als einmal hat ein Patient nach der Sitzung irgendwie triumphierend zu mir gesagt: »Tja, ich bin nicht so leicht zu ergründen, was?« Wenn Sie als Therapeut dann auch noch sagen: »Stimmt!«, wird der Patient sich als Sieger sehen, zu Hause jedoch feststellen, dass ihm damit wenig gedient ist und somit doch der Verlierer sein.

3. Je mehr man über den Patienten weiß, desto schwieriger wird es zu intervenieren.

Nehmen wir folgendes Beispiel: Einen Patienten, der sämtliche Symptome eines Herzanfalls aufweist, wird der Arzt nicht erst komplett untersuchen, sondern sofort Maßnahmen einleiten, um den Schaden zu begrenzen. Außerdem bedeutet mehr Information längst nicht immer, dass das Problem dadurch klarer wird. Eine Überdosis an Information kann sogar verschleiernd wirken. Für den Therapeuten gilt daher, wie auch für manch anderen: Je mehr man weiß, desto eher weiß man, dass man nichts weiß.

Betrachten wir Jans Fall: Er kommt zusammen mit seiner Frau in meine Praxis und wirkt trübsinnig und resigniert. Ich frage, was mir als Erstes durch den Kopf geht: »Ist Ihre Ehe so schwierig, dass Sie das so niederdrückt?« Er lacht matt und antwortet: »Ja, es gibt Schwierigkeiten. Ich bin mit meinem Latein am Ende und weiß einfach nicht mehr, wie ich meine Frau jemals zufrieden stellen kann.« Die Therapie beginnt sofort, indem ich sage: »Wer hat Ihnen gesagt, dass man eine Frau zufrieden stellen muss? Es ist doch allgemein bekannt, dass das vergebliche Liebesmüh ist – oder haben Sie vielleicht bisher als Einsiedler im australischen Busch gelebt, dass Sie das noch nicht wissen?« Hätte ich länger gewartet und erst noch diverse Fragen gestellt, dann wäre meine erste wichtige Beobachtung in der Menge anderer Informationen untergegangen, und die therapeutische Intervention wäre unnötig verzögert worden.

4. Je länger der Therapeut die Intervention hinausschiebt, desto mehr Macht verliert er.

Der Therapeut kann nur effektiv arbeiten, wenn er als Autorität akzeptiert wird. Im Prinzip sind die Machtverhältnisse klar: Der Patient ist »klein«, weil er seelische Probleme hat, und der Therapeut ist »groß«, weil er der weise Mann bzw. die weise Frau ist. Im Idealfall kommen Patienten mit der Einstellung in die Praxis, dass der Therapeut jemand ist, der mehr kann, weiß und durchschaut als sie selbst; sonst hätten sie schließlich keinen Termin auszumachen brauchen. Die Machtposition ist von größter Bedeutung, wenn der Therapeut glaubwürdig erscheinen will. Er tut somit gut daran, seine Glaubwürdigkeit von Anfang an deutlich zu demonstrieren. In den Workshops und Trainings, die ich im Bereich provokative Therapie bzw. provokatives Coaching veranstalte, lasse ich die Teilnehmer nach dem Prinzip »Der erste Schlag zählt doppelt« üben. Die Übung zielt darauf ab, möglichst

schnell (binnen einer Minute) so zu intervenieren, dass eine Wirkung spürbar wird.

Oft reicht die erste Eingebung, die erste Assoziation, das erste Gefühl aus. Indem der Therapeut dann sofort interveniert, zeigt er, dass er den Patienten und das Problem durchschaut – was selbstverständlich nicht bis ins Detail der Fall ist –, aber so behält der Psychologe die Kontrolle über den therapeutischen Prozess. Wenn er dagegen wartet und wartet und eine Frage nach der anderen stellt, läuft er Gefahr, die Macht aus den Händen zu geben. Und in so manchem Sprechzimmer passiert das auch. Der Patient erzählt seine Geschichte in aller Ausführlichkeit und schweift hierhin und dorthin ab – und dem Therapeuten bleibt nichts weiter übrig, als tatenlos zuzuhören.

Das klingt vielleicht überzogen, aber in der Praxis kann es durchaus mal dramatisch werden. Nehmen wir Kurt als Beispiel: ein großer Mann mit lauter Stimme, der beim ersten Termin sofort versucht, den Ton anzugeben und die Macht zu übernehmen, indem er sagt: »Am besten fange ich am Anfang an, damit Sie ein vollständiges Bild von mir, meinem Leben und den Gründen, warum ich hier bin, bekommen.« Ich greife sofort ein, indem ich meinen ersten Gedanken laut ausspreche: »Nein, wir fangen nicht am Anfang an, sondern am Ende. Sagen Sie mir in einem Satz, worin Ihr Problem besteht.« Kurt ist perplex und protestiert dann: »Es scheint mir aber sinnvoller, dass ich Ihnen erst genug Hintergrundinformation gebe.« Ich sage ausdrücklich: »Ich bestimme, wie das hier läuft, nicht Sie; ich bin der Therapeut, und Sie sind der Patient. Wenn ich Hintergrundinformation brauchen sollte, dann sage ich das.«

Und ich fahre sogleich fort: »Ihr Problem besteht vermutlich darin, dass Sie andere Leute überfahren, nicht wahr?« Kurt lacht und sagt: »Ja, das kriege ich öfter mal zu hören, aber ich bin wegen einer ganz anderen Sache hier.«

Hätte ich Kurt gewähren und ihn erst einmal seine Lebensgeschichte erzählen lassen, dann hätte ich sehr viel Macht verloren. Sein Beispiel ist übrigens auch in der Hinsicht aufschlussreich, dass das Problem von Anfang an klar ist; was wieder bestätigt: Menschen sind nicht so unergründlich, wie sie selbst gern glauben. Mir fällt dazu ein Satz aus einem Sketch von Cheech und Chong ein, einem Komikerduo aus den 70er-Jahren: *»If it looks like shit, it feels like shit, it smells like shit, it tastes like shit, I'll bet you 2000 dollars that it is shit.«* Kurz gesagt: Der Therapeut darf durchaus nachforschen, ob er es mit *»shit«* zu tun hat, aber wenn er sich damit zu lange aufhält, läuft er Gefahr, darauf auszurutschen.

5. Je weiträumiger der Therapeut im Leben des Patienten gräbt, desto größer ist die Gefahr, dass er das nächstliegende Problem übersieht.

Beim Lesen dieses Kapitels ist Ihnen sicher klar geworden, dass das auffälligste Problem bzw. die auffälligste Eigenschaft oder Haltung des Patienten oft schon beim ersten Kontakt deutlich wird. In herkömmlichen Praxen wollen oder können Therapeuten sich jedoch nicht auf den ersten Eindruck und ihr spontanes Gefühl verlassen. Lieber graben sie den ganzen emotionalen Garten des Patienten um, bevor sie Schlüsse über das vorhandene Unkraut ziehen. Aber glauben Sie mir:

Je weiträumiger »gegraben« wird, desto größer ist die Gefahr, dass das nächstliegende Problem übersehen wird.

Ein Beispiel: Einer meiner Kollegen führt mit Konrad ein Erstgespräch und entscheidet sich, dessen gesamte Geschichte anzuhören. Fünf Sitzungen später sind sie immer noch nicht weiter, weil Konrad in aller Ausführlichkeit sämtliche Familienkonflikte beschreibt. Als ich meinen Kollegen frage: »Weißt du denn schon, was sein Problem ist?«, sagt er: »Tja, das ist schwierig. Es gibt da viele Spannungen in der Familie und auch bei seiner Arbeit, und irgendwie habe ich den Eindruck, er leidet darunter, dass er keine Lebenspartnerin hat.« Ich sage darauf: »Also hast du nach fünf Stunden nicht viel mehr als ein paar Vielleicht«, was mein Kollege widerwillig zugibt. Als ich ihn frage: »Was ist dir als erstes bei Konrad aufgefallen?«, diagnostiziert er treffend und ohne zu zögern: »Seine Opferhaltung.«

Zu Unrecht gelten die Psychologie und die Psychotherapie als vage und nebulös. Einem kompetenten Psychologen genügt oft ein einziges Wort, ein einziger Blick, und er weiß, wo der Schuh drückt. Damit ist meiner Ansicht nach die Unergründlichkeit des Menschen ebenfalls als Märchen enttarnt. So wie sich das Grundprinzip eines Elektromotors nie ändert, ändert sich auch wenig an den Grundprinzipien des menschlichen Tuns und Lassens. Es wird höchste Zeit, dass die Psychologen die Seifenblase von der menschlichen Unergründlichkeit platzen lassen – und zwar im Interesse ihrer Patienten.

Es gibt einen goldenen Mittelweg

Menschen, die zum Psychologen kommen, haben oft mit Extremen zu kämpfen: Sie sind zu dick, zu dünn, zu traurig, zu aufgekratzt, zu servil, zu frech, zu aggressiv, zu nachgiebig, zu verantwortungsbewusst, zu faul, zu angespannt, zu sozial, zu unsozial oder zu perfektionistisch. Ziel und Zweck der Therapie ist es, mehr Gleichgewicht im Kopf, im Alltag und in den Beziehungen des Patienten zu schaffen. Damit ist zugleich der neueste Trend im Bereich Therapie und Coaching umrissen: Balance. In allen Bereichen des Lebens muss Gleichgewicht herrschen, und wenn das nicht der Fall ist, macht man etwas falsch. Der moderne Psychologe hat sich also zum Balance-Experten aufgeschwungen und verdient sich eine goldene Nase an all den durchs Leben wackelnden, eiernden, stolpernden, in eine Richtung abgedrifteten Leuten. Manchmal gelingt es tatsächlich, einen unausgeglichenen Kunden wieder einigermaßen zu zentrieren. Viel öfter aber ist die Mär vom goldenen Mittelweg purer Unsinn, und Psychologen halten ihren Patienten damit eine Wurst vor die Nase, die zwar lecker aussieht, in Wirklichkeit aber aus unverdaulichem Plastik ist.

Zugegeben, vor ein paar Jahren hätten Sie von mir noch keine so kühnen Sprüche gehört. Auch ich habe jahrelang versucht, meine Patienten bei der Suche nach dem goldenen

Mittelweg zu unterstützen. Stunden, Tage, Wochen und Monate habe ich damit zugebracht, schüchternen Leuten zu mehr Selbstsicherheit zu verhelfen. Und wenn sie dann auf den Geschmack gekommen waren, musste ich sie wieder ein wenig bremsen, damit sie nicht Gefahr liefen, andere vor den Kopf zu stoßen. Auch ich war der festen Überzeugung, dass alles im Gleichgewicht sein musste, nach dem Motto: »Alles in Maßen.« Aber je ehrlicher ich mich selbst und meine Patienten betrachtet habe, desto mehr wuchs in mir die Überzeugung, dass die viel gepriesene Balance zwar eine schöne Vorstellung, aber praktisch nicht erreichbar ist. Ebenso wenig, wie man ein bisschen schwanger sein kann, kann man ein bisschen energisch sein. Man ist es, oder man ist es nicht. Trotzdem stellt sich die Frage, warum den Menschen so viel an der inneren Balance liegt und warum die Therapeuten bei diesem Drahtseilakt mitmachen.

Die Antwort ist zweiteilig:

1. Die Menschen sind nie zufrieden.
2. Die Psychologen profitieren von dieser Unzufriedenheit.

Gehen wir ein bisschen ins Detail.

1. Die Menschen sind nie zufrieden.

Die Welt dreht sich, weil die Menschen chronisch unzufrieden sind: Früher reiste man auf Schusters Rappen oder zu Pferde, später erfand man immer neue Transportmittel: das Schiff, das Fahrrad, den Zug, das Motorrad, das Auto, das

Flugzeug, den Hubschrauber und schließlich die Rakete. Und damit ist es noch lange nicht zu Ende. Es gibt schon Pläne für einen Gyrokopter, ein Gefährt, mit dem man sich nicht nur in der Waagerechten fortbewegen, sondern auch senkrecht aufsteigen kann. Aber auch die Realisierung dieses Plans wird das menschliche Bedürfnis, sich frei zu bewegen, nicht endgültig befriedigen. Wir planen und erfinden ständig Neues, und sei es nur aus dem Grund, weil wir dazu in der Lage sind. Damit sind weit reichende psychologische Konsequenzen verbunden: Es bedeutet, dass ein großer Teil der Weltbevölkerung so lebt, dass das Vorhandene nie gut genug ist. Das hat zwar den Vorteil, dass der Mensch aktiv bleibt, andererseits können wir uns aber auch keinen Moment Ruhe gönnen.

Ich nehme einmal die Kindererziehung als Beispiel: Fragen Sie irgendeinen Vater oder eine Mutter, ob er oder sie mit ihrem Nachwuchs zufrieden ist. Sie bekommen wohl zumeist ein »Ja« zu hören, dem jedoch sogleich allerlei Einschränkungen folgen. Auch ich habe als Vater ständig ambivalente Gefühle: Mein Sohn ist glücklich, aber er lernt zu wenig. Oder er lernt zwar gewissenhaft, aber er geht zu wenig aus. Irgendwas passt immer nicht, und eigentlich müsste es ein bisschen mehr dies oder das sein.

Ein anderes Beispiel: Ehepaare, die sich nie streiten, hinterfragen früher oder später ihre Harmonie, vor allem dann, wenn der Sex in den Hintergrund tritt. Und umgekehrt sehnen sich Ehepaare, die – trotz leidenschaftlichem Sex – häufig streiten, immer wieder nach einem harmonischen Miteinander. Man könnte auch sagen: Die Kirschen in Nachbars Garten schmecken grundsätzlich besser. Dieser Umstand ist so typisch und so universell im Leben; der Mensch wird immer wieder einen Grund finden zu denken, es könnte, müsste oder sollte anders sein. Das bedeutet allerdings, dass der ersehnte Zustand des absoluten Gleichgewichts nicht existiert. Und falls er doch existieren würde, dann würden die Menschen Gründe finden, die Balance zu stören, denn das, was ist, muss ja grundsätzlich anders werden.

Zur Veranschaulichung noch ein Beispiel aus meiner Praxis. Es geht um Lena; sie klagt, sie müsse ungeheuer viel Zeit für ihren Haushalt aufwenden: »Alles muss sauber sein«, sagt sie, »alles muss ordentlich in die Schränke geräumt sein. Ich kann nicht aus dem Haus gehen, bevor nicht alles erledigt ist.« Als ich ihr vorschlage, doch einmal eine Woche lang in Hausfrauenstreik zu treten und alles stehen und liegen zu lassen, sagt sie: »Das kann ich nicht, aber ich möchte einen goldenen Mittelweg finden.« Ich sage daraufhin, sie solle eben nur mon-

tags, mittwochs, freitags und sonntags sauber machen und die übrigen Tage auslassen. Aber auch das ist für sie keine Option, und sie meint: »Ich möchte, dass in meinem Haushalt alles sauber und ordentlich ist, aber zugleich will ich mehr Gleichgewicht schaffen, indem ich mich auch mal mit anderen Dingen beschäftige.« Das klingt gut, aber was auch immer Lena und ich uns überlegen, es kommt zu keinem Kompromiss.

Ich sage zu ihr, das wundere mich nicht, denn ihrem Empfinden nach sei »halb aufräumen« oder »ab und zu aufräumen« das Gleiche wie »schlecht aufräumen«. Einen goldenen Mittelweg, erkläre ich ihr, gebe es da nicht, denn sie sei und bleibe nun einmal extrem, was ihren Haushalt anbelangt. Sie lacht und fragt: »Wollen Sie damit sagen, ich solle mich selbst mehr akzeptieren?«, worauf ich antworte: »Das klingt auch wieder so nach Gleichgewicht, Harmonie und goldenem Mittelweg. Nein, das meine ich nicht. Gehen Sie einfach davon

aus, dass Sie eine Ordnungsfanatikerin sind und bleiben und sich weiterhin darüber ärgern werden. Sie haben nun einmal diesen Tick, aber wer hat keinen?«

Nach Balance zu streben ist eine feine Sache, weil die Vorstellung, dass es immer noch besser oder anders sein könnte, uns reizt. Wer aber glaubt, den goldenen Mittelweg gebe es wirklich, der jagt einer Illusion nach. Und genau das ist beabsichtigt. Von wem? Am besten geben Sie sich selbst die Antwort; mit meiner werden Sie ja doch wieder nicht zufrieden sein.

2. Die Psychologen profitieren von dieser Unzufriedenheit.

Mir ist vollkommen klar, dass es respektlos klingt. Trotzdem: Ich bin der festen Überzeugung, dass Therapeuten zu viel von der ewigen Unzufriedenheit, die dem Menschen nun einmal eigen ist, profitieren. Sobald der Patient etwas als unausgeglichen oder als links oder rechts vom goldenen Mittelweg bezeichnet, nutzt der Psychologe die Gelegenheit zum Geldverdienen. Oft braucht es gar keine Ewähnung seitens des Patienten – nein, der Psychologe findet selbst etwas, das nicht ganz in Balance ist oder das nicht in der goldenen Mitte liegt.

Ein gutes Beispiel ist Gerhards Fall. Er macht eine Therapie, weil er die Trennung von seiner Freundin nur schwer verkraften kann. Nach einer langen Zeit der Trauer und Isolation geht er nun oft aus und reagiert sich mit One-Night-Stands ab. Sein Therapeut meint: »Ich sehe da ein Problem. Ich meine, hin und wieder mal Sex einfach zum Spaß, das leuchtet mir schon ein, aber ich denke, Sie flüchten nun doch zu sehr vor

Ihrem Kummer, und den können Sie nie richtig verarbeiten, wenn Sie auf diese Weise mit Frauen umgehen.« Sicher, Gerhard ist in gewissem Sinn übers Ziel hinausgeschossen, aber das heißt nicht, dass er deshalb gleich ein »Problem« hat.

Als Alternative setze ich meinen Therapiestil dagegen und lasse Gerhard sein »Problem« selbst zur Sprache bringen:

P(atient): »Ich mache wohl etwas falsch: Ich flüchte mich in oberflächliche sexuelle Kontakte.«

T(herapeut): *»Na und? Was ist das Problem?«*

P.: »Manchmal denke ich, dass ich so meinen Kummer nie verarbeiten kann.«

T.: *»Und? Was soll's?«*

P.: »Das ist doch ungesund.«

T.: *»Sie rauchen doch auch, oder?«*

P.: »Ja, warum fragen Sie das?«

T.: *»Das ist doch auch ungesund, oder?«*

P.: »Stimmt.«

T.: *»Menschen machen nun mal Dinge, die ungesund sind. Also, was soll's?«*

P.: »Sie sehen darin also kein Problem?«

T.: *»Sie haben mich noch nicht überzeugt, dass es eines ist. Machen Ihnen die oberflächlichen Beziehungen denn keinen Spaß?«*

P.: »Doch, sehr sogar.«

T.: *»Na, dann machen Sie weiter so.«*

P.: »Nein, ich will doch wieder eine richtige Beziehung.«

T.: *»Ja? Warum denn?«*

P.: »Weil ich eine Familie haben möchte.«

T.: *»Gut, schicken Sie mir eine Einladung zu Ihrer Hochzeit, wenn Sie Erfolg hatten.«*

Ich will mir natürlich nicht selbst das Wasser abgraben, aber viele Probleme brauchten nicht behandelt zu werden, wenn Psychologen ihre Patienten zunächst einmal auffordern würden, ihnen das Problem als solches zu »verkaufen«. Sagt der Psychologe zehn Mal »Na und?«, dann bleibt von den meisten Problemen nichts übrig. Es sei denn, man will unbedingt den goldenen Mittelweg leben.

Negativ denken ist falsch

Menschen, die einen Psychologen aufsuchen, haben in der Regel nichts Erfreuliches zu berichten. Probleme stehen synonym für Negatives. Und falls der Patient sein Anliegen nicht ausdrücklich als negativ darstellt, wird der Therapeut höchstpersönlich das Negative aufspüren. Ist es erst einmal klar definiert, ist auch schon das Ziel der Therapie umrissen: Das Negative muss in Positives umgewandelt werden. Das klingt durchaus einleuchtend. Depressive Menschen sollen wieder fröhlicher werden, Ängstliche sollen Mut entwickeln, und streitende Paare sollen sich wieder vertragen. Eigenschaften und Verhaltensweisen wie Optimismus, Entgegenkommen und Verlässlichkeit stehen höher im Kurs als Pessimismus, Feindseligkeit und Unzuverlässigkeit.

Der Therapeut hat es zwar nicht auf seinem Praxisschild stehen, aber mit großen flackernden Neonbuchstaben immer im Hinterkopf: *Negativ denken ist falsch!* Und er hat es heutzutage leicht, diesen Slogan zu verkaufen, denn man geht allgemein davon aus, dass negative Gefühle zu nichts nütze und ein Grund sind, sich therapieren zu lassen. An dieser Stelle muss ich einmal mehr meine Jugendsünden eingestehen: Ich habe ganze Bücher über die unbedingte Notwendigkeit von positivem Denken, freundlichen Umgangsformen und konstruktiven Beziehungstechniken geschrieben. Und was ich damals als psychologisches Gedankengut propagiert habe, ist heute zumindest noch unterhaltsame Lektüre. So erwachsen ich mir damals vorkam – jetzt ist mir klar, dass ich die Welt aus einem naiven Blickwinkel betrachtet habe, und mein positives Geschreibsel drückt eher die Sehnsucht nach einer besseren Welt aus als ein gesundes Realitätsbewusstsein. Damit möchte ich Folgendes sagen: Positive Gedanken, Gesprächs- und Beziehungsformen sind eine feine Sache, aber das heißt nicht, dass das Negative grundsätzlich falsch und »krank« wäre. Negative Gefühle sind wesentlich besser, als die meisten Menschen (die Therapeuten eingeschlossen) glauben, und das aus guten Gründen:

1. Negative Gefühle sind notwendig, damit der Mensch sich schützen kann.
2. Negative Gefühle können positive Gefühle erzeugen.
3. Negative Gefühle haben Realitätswert.
4. Negatives kann uns zum Lachen bringen.

Richten wir den Blick auf das Positive am Negativen:

1. Negative Gefühle sind notwendig, damit der Mensch sich schützen kann.

Wer je eine schwere Depression überstanden hat, wird diese Gemütsverfassung nicht einmal seinem ärgsten Feind wünschen. Depressionen sind schlimm, und es ist nur logisch, dass Betroffene sich von einem erfahrenen Psychologen oder Psy-

HEUTE SPRINGE ICH VOR DEN ZUG!
Jetzt mal langsam...
Habe ich nicht gesagt, Sie sollten die Dinge positiv sehen?
Doch, Herr Doktor.
HEUTE BRINGE ICH MEIN LEBEN AUFS RICHTIGE GLEIS!
Prima!

chiater behandeln lassen. Depressionen weisen alle Merkmale einer echten Krankheit auf; zum Glück lassen sie sich mit Medikamenten und Gesprächstechniken immer besser heilen. Es gibt zwar eine gewisse genetisch bedingte Neigung zu Depressionen, aber nur selten erkrankt jemand ohne konkreten Grund daran. Meist ist eine längere emotionale Überbelastung der Auslöser, oder aber die chronische Unfähigkeit, mit inneren Konflikten, schwierigen Beziehungen oder Alltagsproblemen umzugehen. Eine Depression ist in solchen Fällen die einzige Art und Weise, auf die Körper und Seele den Betreffenden vor Schlimmerem schützen können: Der Mensch tritt »seelisch in Streik«, und es folgt eine längere Phase, in der er – aufgrund seiner Depression – gezwungen ist, sich auszuruhen und zugleich die Umgebung zwingt, seine Aufgaben wahrzunehmen.

Patienten, die ihre Depression als ernste Warnung verstehen, sagen nach der Genesung oft: »Ich brauche nie mehr depressiv zu werden, aber offenbar war es nötig, damit ich begreife, dass ich (1) vor Konflikten davonlaufe, (2) mir zu viel aufhalse, (3) zu selten »nein« sage, (4) immer nur gebe und nie fordere, (5) mir selbst zu wenig Raum lasse, (6) mich zu stark an der Meinung anderer orientiere, (7) zu optimistisch bin oder (8) andere nicht enttäuschen möchte.«

Die negativen Gefühle, die mit einer Depression einhergehen, sind also – so widersprüchlich das auch klingt – nötig, damit der Mensch wieder mit beiden Beinen im Leben stehen kann. Natürlich muss nicht jeder eine Depression bekommen, um aus negativen Gefühlen Nutzen zu ziehen. Ein gutes Beispiel ist das Vertrauen in andere: Vertrauen ist schön, aber auch sehr riskant. Die Möglichkeit, dass das Vertrauen missbraucht wird, ist sehr groß. Mein Lebensmotto lautet deshalb »Vertrauen ist gut, Kontrolle ist besser«, und heute plädiere ich sehr für gesundes Misstrauen. Denn wer das als Ausgangsbasis hat, überträgt den anderen mehr Verantwortung, ihre guten Vorsätze auch in die Tat umzusetzen. So gesehen ist Misstrauen also gut, weil es den Blick schärft. Negative Gefühle fungieren als Schutz für das Individuum. Pessimisten können davon ein Lied singen: Wer ein Schreckensszenario erwartet, wird meist positiv überrascht. Und geht die Sache doch einmal schlecht aus, dann ist man mental darauf vorbereitet. Wenn Eltern Angst und Sorgen wegen ihren Kindern haben, sind das zwar unangenehme Gefühle, aber sie sind nötig, um die Kinder vor sich selbst oder vor Gefahren von außen zu schützen. Negative Gefühle sind somit nicht grundsätzlich kontraproduktiv. Im Gegenteil: Ängste, Sorgen und Schuldgefühle halten den Menschen auf dem richtigen Weg. (siehe auch: »Du brauchst dich nicht schlecht zu fühlen«, Seite 34).

2. Negative Gefühle können positive Gefühle erzeugen.

Jeder weiß aus Erfahrung, wie man nach Komplimenten fischt: Man sagt etwas Negatives über sich selbst, übertreibt ordentlich, und schon findet sich jemand, der das Gegenteil behauptet. Im zwischenmenschlichen Kontakt ist das fast schon ein natürlicher Reflex: Der eine sagt etwas Negatives, der andere hält mit etwas Positivem dagegen. Von Bedeutung ist das auch im Sprechzimmer des Psychologen, weil es als Mittel dienen kann, das Selbstwertgefühl des Patienten zu verbessern. Da

Patienten nun einmal Patienten sind und deshalb selbst schon negative Botschaften haben, reagiert der Psychologe reflexartig mit etwas Positivem. Aber in therapeutischer Hinsicht ist genau das falsch.

Besser ist es, der Therapeut bestätigt die negativen Gefühle des Patienten und setzt nach Möglichkeit noch eins drauf. Das Resultat ist vorhersagbar: Nach einiger Zeit wird der Patient den negativen Äußerungen des Therapeuten konstruktivere Aussagen entgegensetzen. Und da diese von ihm selbst kommen, zeitigen sie auch deutlich mehr Effekt, als wenn sie vom Therapeuten kämen:

P(atient): »Mir fällt es schwer, Menschen zu vertrauen.«
T(herapeut): *»Das ist doch gut; den Menschen kann man auch nicht trauen.«*
P.: »Ja, aber inzwischen gehöre ich nirgends mehr dazu; ich habe nicht mal jemanden, der mit mir ins Theater geht.«
T.: *»Allein ins Theater zu gehen hat den Vorteil, dass Sie sich keine negativen Kommentare anhören müssen, so auf die Art: ›Das war ja mal wieder nichts‹, ›Mieses Stück‹, ›Schade ums Geld‹ und so weiter. Ich meine, wozu brauchen Sie andere, wenn Sie in aller Ruhe und ungestört allein die Aufführung genießen können?«*
P.: »Ja, aber zu zweit ist es doch viel netter.«
T.: *»Also da wäre ich mir nicht so sicher. Ich kenne kaum einen netten Menschen.«*
P.: »Ich schon, glaube ich.«
T.: *»Ja? Wen denn?«*
P.: »Nun, Anita zum Beispiel, eine sehr nette Frau.«

T.: *»Wahrscheinlich ist sie nur dann nett, wenn sie im Mittelpunkt steht.«*

P.: »Nein, gar nicht, sie interessiert sich auch sehr für mich.«

T.: *»Für Sie? Sind Sie sich da ganz sicher?«*

P.: »Ja, das weiß ich ganz bestimmt, weil sie mich mal zum Essen eingeladen hat.«

T.: *»Vermutlich hatte sie da gerade im Lotto gewonnen oder so.«*

P.: »Nein, sie hat einfach eine nette Art.«

T.: *»Und mit Anita würden Sie gern ins Theater gehen?«*

P.: »Ja, das ist eine gute Idee.«

3. Negative Gefühle haben Realitätswert.

Irgendwann hat mal jemand zu mir gesagt, depressive Menschen seien näher an der Realität als andere. Wer sich das einmal durch den Kopf gehen lässt, wird darin einen wahren Kern erkennen. Schließlich ist das Leben in vielerlei Hinsicht riskant, mühsam und kompliziert, und wir müssen uns tagtäglich selbst das Gegenteil einreden, um einigermaßen über die Runden zu kommen. Wer negativ denkt, hat dabei zwar keine guten Gefühle, dafür aber einen engen Realitätsbezug: Beziehungen sind komplex, Menschen sind selbstsüchtig, und ohne harte Arbeit erreicht man selten etwas. Das heißt, dass Optimisten zwar leichter leben, aber eigentlich nicht mit beiden Beinen auf der Erde stehen. Und meist sind auch sie es, die früher oder später einen schweren Schlag hinnehmen müssen – sei es in Form von Depressionen oder einer zwischenmenschlichen Enttäuschung. Der Pessimist geht zwar besorgter durchs Leben, dafür treffen ihn Misserfolge aber nicht ganz so hart. Er rechnet schließlich damit, dass das Schlimmstmögliche eintrifft und steckt Misserfolge leichter weg.

Ich rate daher allen Kollegen dringend davon ab, Pessimisten im Sprechzimmer umkrempeln zu wollen. Der Therapeut sollte vielmehr die Vorteile des Pessimismus hervorheben, statt dem Patienten das Gefühl zu geben, seine Lebenshaltung sei falsch. Nehmen wir einmal Marcel. Er arbeitet als Wartungsmonteur bei einer großen Fluglinie und inspiziert die Flugzeuge, bevor sie starten dürfen. Ich bin sehr froh darüber, dass er von Haus aus Pessimist ist. Weil er deshalb geradezu zwanghaft kontrolliert, ob da nicht doch irgendein kleiner Defekt ist, ist bisher noch nie ein Flugzeug mit Mängeln gestartet. Marcels Pessimismus ist ein Segen für die Fluggäste; sie brauchen nie zu befürchten, dass er durch eine rosa Brille etwas übersehen hat.

4. Negatives kann uns zum Lachen bringen.

Negativ ist und bleibt negativ, aber bei Zuschauern oder Zuhörern kann Negatives die Lachmuskeln reizen. Nicht umsonst bestehen die meisten Komödien aus einer Aneinanderreihung von Katastrophen und Fehlern. Menschen, die sich tollpatschig verhalten, über die eigenen Füße stolpern oder andere in prekäre Situationen stürzen, bringen uns einfach zum Lachen.

Dieser Umstand ist eine der Säulen des provokativen Therapiestils, den ich praktiziere:

P(atient): »Meine Frau würde niemals zugeben, dass sie Unrecht hat.«

T(herapeut): (lachend) *»Ja ja, die Frauen, immer müssen sie das letzte Wort haben. So sind sie nun mal. Das erinnert mich an neulich, als ich mit meiner Frau wegen der Bedeutung eines englischen Worts in Streit geriet. Ich schlug im Wörterbuch nach, und siehe da, ich hatte Recht. Sie aber sagte: ›Ach, dein Wörterbuch ist doch eine Uralt-Ausgabe, auf die kann man sich nicht verlassen.‹ Grandios, was?«*

P.: »Naja, ich hab da nicht sonderlich viel Spaß dran …«

T.: (lachend) *»Stimmt, eigentlich ist es nur frustrierend. Recht haben und Recht bekommen sind offenbar zweierlei.«*

P.: »Was kann ich denn dagegen machen?«

T.: *»Hmmm, gute Frage. Am besten beharren Sie einfach auf Ihrem Standpunkt, bis Ihre Frau müde wird und ein einziges Mal nachgibt, und sei es nur, weil sie ihre Ruhe haben will. Ich sehe die Szene schon vor mir: Sie haben eine volle Stunde durchgehalten, und schließlich sagt sie: ›Okay, Schatz, du hast Recht, du hast vollkommen Recht, blöd von mir, dass ich nicht eher eingesehen habe, dass ich falsch liege und du eben einfach alles besser weißt. Entschuldige vielmals, dass ich so schwer von Begriff bin!‹ Sie wiederum haben dann das Gefühl, dass Sie im Grunde genommen gar nicht Recht bekommen haben, und sagen: ›So hat das Ganze doch auch keinen Sinn; wenn du es nicht ehrlich meinst, dann sag es auch nicht.‹ Und daraufhin kann sie sich wieder aufregen und sagen: ›Da sieht man's mal wieder. Nie bist du zufrieden. Geb ich* *dir Recht, ist es auch wieder falsch. Lassen wir die Sache jetzt, ich gehe zu meiner Freundin.‹«*

P.: »Ja, genauso läuft es.«

T.: (lachend): »*Mit der Ehe ist es wie mit einem Teppich, der eine Beule hat. Tritt man drauf, damit sie verschwindet, dann taucht sie an einer anderen Stelle wieder auf; was auch immer man macht: Die Beule bleibt im Teppich.*«

P.: »Ich will aber einen flachen Teppich …«

T.: (lachend): »*Ja, und Ihre Frau will Parkett.*«

P.: (lachend): »Genau – so läuft's.«

Guter Rat ist teuer

Wer krank ist, geht zum Arzt, und wer ein Problem hat, sucht einen Therapeuten auf. Oft übernimmt die Krankenversicherung die Therapiekosten; das ändert aber nichts daran, dass insgesamt Milliarden Euro pro Jahr für therapeutische Behandlungen ausgegeben werden. Mich freut das natürlich, denn auch meine Kasse muss klingeln. Trotzdem geht es mir gegen den Strich, dass alles, was sich »Therapie« nennt, von den Therapeuten okkupiert ist. Nur sie und die Ärzte können angeblich seelischem Leid und Krankheiten abhelfen. Und glauben Sie mir: Vor allem die Therapeuten selbst sind dieser Überzeugung. Und die brauchen sie auch, damit sie sich nützlich und wichtig fühlen können. Aber die Wirklichkeit sieht anders aus. Die besten Therapien sind nämlich gratis.

Ein gutes Beispiel ist die klassische Kombination von Ruhe, Reinheit und Regelmäßigkeit: Eine solche Lebensweise beugt nicht nur vielen Krankheiten vor, sondern wirkt auch heilend bei Depressionen, Burn-out und emotionaler Erschöpfung. Ganz zu schweigen von der heilsamen Wirkung von Leitungswasser, körperlicher Bewegung, Lachen, einem neuen Haarschnitt, Sonnenlicht, Musik, Spielen, Arbeit, den Sternenhimmel betrachten, Gedichte schreiben, sich die Füße massieren lassen, Beten, Tanzen, Herumtollen, Himbeeren pflücken und Freundschaft.

Apropos Freundschaft: Wer sein Bedürfnis nach Sicherheit, Anerkennung, Verständnis, Aufmerksamkeit, Unterstützung, Zugehörigkeit und gutem Kontakt befriedigt, kann so manchem »seelischen Sturm« besser die Stirn bieten. Auffallend ist, wie positiv sich Menschen entwickeln, wenn sie zusammenleben oder verheiratet sind. Vor allem Männer werden durch eine feste Beziehung gezwungen, mehr Leistung zu erbringen, Verantwortungsgefühl zu entwickeln und emotional erwachsen zu werden. Dazu noch ein paar Kinder, und Sie haben die beste Form der Konfrontationstherapie, die es gibt. Tagtäglich wird einem der Spiegel vorgehalten, und man entwickelt unwillkürlich Einfühlungsvermögen und Selbstsicherheit und gelangt ganz nebenbei zu mehr Selbsterkenntnis. Und dann das Leben selbst: So schön, so grausam, so überraschend, so unfair, so komisch, so verheerend es auch sein kann, fordert es doch jeden zu Selbsthilfe, Vitalität und Kreativität heraus. In Friedens- wie

in Kriegszeiten versucht der Mensch, das Beste aus seiner jeweiligen Situation zu machen und durch Ausprobieren zu lernen, seine Angst vor dem Unbekannten zu überwinden.

Ja, so gesehen kann man im Grunde genommen alles, was das Leben zu bieten hat, zur Therapie erheben. Und genau das geschieht auch. Deshalb gibt es Flirtcoaches, Wechseljahre-Beraterinnen, Farbtherapeuten, Koch-Workshops, Atemspezialisten, Humorpädagogen, Konfliktmediatoren, UV-Licht-Behandlungen, Kräuterdoktoren, Gehmeditationsgruppen, Gehorsamkeitstrainings für Hund und Herrchen, Gesundbeter, Elternfortbildungen, Bongotrommel-Wochenenden oder Kurse, in denen man lernt, mit Bäumen zu sprechen. Offenbar bezahlen die Kunden lieber einen Haufen Geld, um sich von selbst ernannten Gurus etwas weismachen zu lassen, als dass sie sich selbst ein bisschen Mühe machen und ihre Hirnzellen aktivieren.

Als Psychologe in der Ausbildung hatte ich einen jungen Mann in meiner Sprechstunde, der über Konzentrationsmangel, Lustlosigkeit und Einsamkeit klagte. Mein Supervisor meinte, da sei mindestens ein Jahr Behandlung aufgrund einer Identitätskrise drin. Ich aber hörte nicht auf ihn und brachte den Patienten mit einer jungen Frau mit den gleichen Beschwerden zusammen, die tags zuvor in der Sprechstunde gewesen war. Und nun raten Sie mal? Genau: Sie lebten glücklich bis …

Menschen sind empfänglich für Magie. Einfaches Leitungswasser ist zu gewöhnlich, aber Wasser, in das ein Medium »eingestrahlt« hat, ist göttlich und hat Heilwirkung. Der Rat des Nachbarn (»Sagen Sie doch öfter mal ›nein‹!«) klingt so alltäglich, dass wir ihn gar nicht wahrnehmen. Die gleichen Worte aus dem Mund eines hoch bezahlten Therapeuten haben magische Ein-, Aus- oder Nachwirkungen. Da dies nun mal so ist, kann man den Therapeuten nicht vorwerfen, dass sie daraus Nutzen ziehen. Wissenschaftlich ausgedrückt: Die Macht der gelehrten Autorität wird angewendet, um die Patienten anzuspornen, ihre Lebenssituation zu verbessern. Ich will mich nicht besser machen, als ich bin: Auch ich nutze meine Macht als professioneller Therapeut, um Patienten zu beeindrucken; allerdings nicht, um mich zu profilieren, sondern um sie zu konstruktiverem Handeln zu bewegen. Dennoch ist es mir zuwider, dass diese »Magie« von der Psychologie so verkauft wird, als hätte jeder Nutzen davon. In der Buchhandlung liegen »Waren« wie Selbstsicherheit, gesunder Egoismus, Leben ohne Sorgen, kreatives Führen oder Erfolg durch Intuition, mit denen etwas vorgegaukelt wird, das für manchen unerreichbar ist.

In meine Praxis kommen manchmal Leute, die von mir den Schlüssel zur Welt des absoluten Glücks möchten. »Bringen Sie mir die besten Manipulationstricks bei«, heißt es da, oder »Verraten Sie mir, mit welcher Masche ich jede Frau rumkriegen kann«, oder »Erklären Sie mir, wie man als Unternehmer Millionen macht«. Das sagen Menschen, die gerade mal den Kopf über Wasser halten können. Genau wie nicht jeder musikalisch, sprachbegabt oder technisch versiert ist, eignet sich auch nicht jeder zum Charmeur, Chef oder brillanten Redner. Natürlich kann man alles Mögliche lernen, und darum geht es auch in vielen therapeutischen Gesprächen. Aber nichts ist so einfach, dass man nicht ein klein wenig angeborenes Talent dafür braucht. Und es ist im Interesse der Patienten, dass sie mit dieser Realität konfrontiert werden.

Immer öfter rate ich Patienten, sich doch mit dem zufrieden zu geben, was sie besitzen, erreicht haben und können, statt immer auf das zu schauen, was sie nicht besitzen, nicht erreicht haben und nicht können. Den meisten fällt es schon schwer, realistisch zu sehen, was bei ihnen auf der Habenseite steht. Nicht nur der Psychologie, sondern auch den Menschen, die Psychologen konsultieren, stünde eine gewisse Bescheidenheit gut zu Gesicht.

Damit Sie verstehen, was ich meine, folgt hier ein Gespräch, das ich mit Fritz geführt habe: Es geht um seine Unzufriedenheit in der Ehe:

P(atient): »Ich bin unzufrieden mit meiner Ehe.«
T(herapeut): *»Ehe?* Sie *sind verheiratet?!«*
P.: »Ja, wundert Sie das?«

T.: »*Allerdings. Wer möchte schon mit Ihnen verheiratet sein?*«

P.: »Margret.«

T.: »*Margret?*«

P.: »Ja.«

T.: »*Was findet Margret an Ihnen?*«

P.: »Darüber will ich nicht reden, mir geht es darum…«

T.: »*Aber ich möchte darüber reden. Sie sehen verlebt aus, sind unrasiert und haben schlechte Laune. Da frage ich mich schon, warum Margret mit Ihnen verheiratet ist.*«

P.: »Ich bin doch nicht hier, um über meine Qualitäten zu sprechen.«

T.: »*Dafür wird es aber höchste Zeit. Ich meine, was für Qualitäten haben Sie denn so?*«

P.: »Jetzt kommen wir aber endgültig vom Thema ab. Mein Ziel ist es, die Beziehung zu meiner Frau zu verbessern.«

T.: »*Dann sind wir ja auf einer Linie, denn ich will wissen, warum eine Frau wie Margret mit Ihnen verheiratet ist.*«

P.: »Sie tun ja gerade so, als wäre ich ein abstoßendes Monster.«

T.: »*Naja, ich laufe zwar nicht schreiend davon, aber nur, weil Sie mich fürs Sitzenbleiben bezahlen. Was also haben Sie Margret zu bieten, dass sie bei Ihnen bleibt? Ist es, weil Sie die Rechnungen bezahlen?*«

P.: »Hmmm, manchmal kommt es mir so vor.«

T.: »*Tja, vielleicht ist das ja das Einzige.*«

P.: »Wollen Sie damit sagen, ich solle nicht so hohe Ansprüche stellen?«

T.: »*Da haben Sie etwas sehr Wahres gesagt.*«

Apropos hohe Ansprüche stellen: Auch Psychologen haben die Neigung, ihre Erkenntnisse, Interventionen, Ratschläge, Lösungen und alles andere, was sich so Therapie nennt, kompliziert, hochtrabend und unnötig wissenschaftlich darzustellen. Man kann zu einem Patienten sagen, er habe eine »niedrige Frustrationstoleranz«, und die Therapie müsse dahingehen, dass er seine Wünsche und Erwartungen im zwischenmenschlichen Kontakt anpasse. Man kann aber genauso gut sagen: »Sie sind maßlos verwöhnt, wenn Sie glauben, jeder müsse nach Ihrer Pfeife tanzen.« Man kann zu einer Patientin sagen, sie habe Fluchtneigungen, und aus Angst vor Intimität und aus unterdrückter Aggression schrecke sie die Männer in ihrem Leben ab, indem sie eine Abwehrhaltung einnehme, die wiederum aus unverarbeiteten Emotionen, ihren früh verstorbenen Vater betreffend, herrühre. Oder man sagt zu ihr: »Sie werden sich nur dann einen Mann angeln können, wenn Sie zeigen, dass Sie eine Frau sind. Derzeit sehen Sie nämlich aus wie ein gerupftes Huhn, das sich als Hahn verkleidet hat.« Man kann einem Patienten darlegen, dass sein Perfektionismus und Kontrollbedürfnis seine seelische Belastbarkeit beeinträchtige und dass er sich aus einer unterschwelligen Angst heraus, andere zu enttäuschen, übermäßig servil zeige, oder man sagt: »Logisch, dass Sie so erschöpft sind, wenn Sie sich so verausgaben.«

Welche Worte sind wohl am effektivsten? Entscheiden Sie selbst. Guter Rat mag teuer sein. Aber der beste Rat ist meist einfach.

Befund: Im Innersten der Seele ist nichts zu sehen

»Oberflächlich« ist ein Wort, das in der Regel einen negativen Beiklang hat. Oberflächliche Menschen sind angeblich dumm und langweilig, oberflächliche Beziehungen sind nicht der Mühe wert, und an Oberflächlichkeit wird letztlich unsere Gesellschaft zu Grunde gehen. Jeder kritisiert die Medien wegen ihrer oberflächlichen Berichterstattung; insbesondere das Fernsehen ist moralisch verwerflich, weil es das oberflächliche Denken fördert. Diese Sichtweise zeugt jedoch von großer Oberflächlichkeit, und sei es nur deswegen, weil man ertrinken

kann, wenn man nicht in der Lage ist, an der Oberfläche zu bleiben. Aber natürlich geht es nicht nur darum. Überlegen Sie mal: Was wäre Ihnen lieber, wenn Sie in einen Verkehrsunfall verwickelt würden? Tiefgehende oder oberflächliche Verletzungen? Genau das meine ich.

Nein, Oberflächlichkeit kann auch ein Segen für die Menschheit sein, und das gilt vor allem im Bereich der sozialen Interaktion. Nur dank der Tatsache, dass die meisten Menschen oberflächlich miteinander umgehen, kann man ungestört arbeiten, in aller Ruhe durch die Stadt bummeln oder gemütlich Zeitung lesen. Mehr noch: Wer die Kontakte zu seinen Mitmenschen oberflächlich hält, führt in der Regel ein glücklicheres Leben. Die meisten Eheprobleme beispielsweise rühren daher, dass die Beziehung zu stark vertieft wird. Vor allem Frauen neigen dazu, das große Ganze aus dem Auge zu verlieren, nach jeder Mücke zu schlagen, alles haarklein wis-

sen zu wollen und vom anderen zu fordern, dass er sein Seelenleben detailliert offenbart. Hier greift eine fatale psychologische Gesetzmäßigkeit: Je mehr man erzählt, desto größer ist das Risiko von Missverständnissen. Aus diesem Grund rate ich streitenden Paaren, die zu mir kommen, nur dann miteinander zu reden, wenn sie sich etwas Neutrales (»Kannst du mir mal eben das Salz geben?«) oder etwas Positives (»Du hast prima gekocht.«) zu sagen haben. Das Ergebnis ist immer das gleiche; die Paare berichten: »Unsere Beziehung ist zwar sehr oberflächlich, aber viel angenehmer.«

So gesehen ist »tiefschürfend« ein Synonym für das Suchen nach Problemen. Ich staune immer wieder, wie lyrisch Menschen werden, wenn sie von »tiefschürfenden Gesprächen« berichten. In neunzig Prozent aller Fälle strotzen solche Gespräche vor Gejammer, aufgebauschten Schwierigkeiten und emotionalen Szenen. Für mich sind die oberflächlichen Kontakte mit dem Postboten Gerd, der Blumenhändlerin Helena und der Bäckereiverkäuferin Marion die Höhepunkte des Tages: Man tauscht flüchtige Bemerkungen über die Weltpolitik aus, über die Kleidung, die man trägt, oder den Nutzen einer Erdbeereisdiät – und anschließend geht jeder gut gelaunt und zufrieden seiner Wege.

In diesem Buch habe ich versucht, deutlich zu machen, dass es vor allem die Psychologen sind, die sich für das Vermeiden von Oberflächlichkeiten stark machen und damit gutes Geld verdienen. Schließlich fühlt sich der Patient geschmeichelt, wenn der »Kenner der menschlichen Seele« ihm versichert, er sei ein komplexes, tiefsinniges Wesen. Meiner Ansicht nach ist im Innersten der Seele rein gar nichts zu sehen, allein schon deswegen, weil keiner weiß, wo die sitzt. Wenn man die immer größere Gruppe seniler alter Menschen betrachtet, könnte man auch sagen, die Seele ist nichts anderes als eine Ansammlung allmählich stagnierender chemischer Prozesse im Gehirn. Sie dürfen mich jetzt gern für einen oberflächlichen Psychologen halten – das betrachte ich als großes Kompliment. Und glauben Sie mir: Durch Tiefgründigkeit ist noch nie etwas aufgeklärt worden. Falls Sie mir das Gegenteil beweisen können, freue ich mich darauf, von Ihnen zu hören.

Über den Autor

Dr. Jeffrey Robert Wijnberg (geboren 1951 in Madison/Wisconsin) eröffnete im Jahr 1977 im Anschluss an sein Studium der klinischen Psychologie an der Universität Groningen die erste psychologische Privatpraxis der nördlichen Niederlande, wo er bis heute als selbstständiger Psychotherapeut tätig ist. Er arbeitet als Dozent für das Institut für Eklektische Psychologie (IEP, Nijmegen) und ist zusammen mit Jaap Hollander für die Entwicklung der provokativen Psychotherapie zuständig. Der provokative Stil im Bereich Coaching und Therapie ist seine Leidenschaft und sein Spezialgebiet. Seit 1996 schreibt er als Kolumnist für die Tageszeitung *»De Telegraaf«*.

Information über alle Aktivitäten (Einzeltherapie, Workshops, Lesungen) von Jeffrey Wijnberg erhalten Sie bei:

Provocative Consulting Wijnberg
Radebinnensingel 15
NL-9711 EL Groningen
Telefon: 0031-(0)50–311 39 00
Telefax: 0031-(0)50–311 39 88
E-Mail: J.Wijnberg@home.nl

Weitere Informationen finden Sie unter: www.iepdoc.nl

Register